幕末維新史への招待

町田明広 編

山川出版社

はじめに――幕末維新史人気の光と影

誤った「通説」から新しく正確な知識へ

明治維新（一八六八年）からちょうど百五十年の節目となった平成三十年（二〇一八）には、全国各地でたくさんの関連行事が開催となり、テレビではさまざまな関連番組が放送され、関連出版物もここぞとばかりに書店をにぎわしていたことは記憶に新しい。それを機にして、あらためて歴史ファンの方にかぎらず幅広い方々の間で、幕末維新史への関心が高まったことは間違いない。

一方で、そうした機会によって多くの接触者にインプットされる情報は、必ずしも最新の研究動向が反映されたものとはかぎらない。なかには、思いもよらぬ陰謀説などが紛れ込んでいる可能性がある。

そもそも、幕末維新期は戦国時代と並び、ほかの時代にくらべて一般的に人気があるといわれるが、その大きな理由のひとつには、明治維新から百年であった昭和四十三年（一九六八）前後を画期に、『竜馬がゆく』などの司馬遼太郎作品をはじめとする歴史小説や映像作品などエンターテインメントの題材として、広範囲に扱われてきたことがある。そのことも相まって、人気の裏側で、ほかの時代に比べると、研究成果と一般認識の差異が大きくなってしまったのではないかと感じている。

筆者は、歴史の面白さが広く社会に浸透するために、エンターテインメントの必要性を認識しており、表現の自由などを否定する立場にはない。一方で、歴史家としての立場から、感情移入しやすい英雄史観による人物描写、あまりに劇的すぎるストーリー展開、さらにご都合主義が透けて見える解釈には不安を禁じえない。こうして作られた人物像やストーリーが独り歩きをはじめ、いつのまにか「創作された歴史」が「通史」になってしまう危険性を感じているからにほかならない。序章で述べる坂本龍馬像がその典型ではなかろうか。

これを解決するためには、エンターテインメントにかかわる際、近年の質量ともに充実した史料刊行やアーカイブの目覚ましい進歩によって、目まぐるしく伸展している最新の研究動向にも目配せいただきたい。そして、最低限のファクトチェックを歴史家に求めていただく意義を感じている。あわせて、歴史家による最新研究の到達点を一般に紹介する必要性についても、待ったなしの段階に来ていると痛感している。それが本書刊行の大きな契機である。

幕末維新史をめぐる研究現場の現在地点

幕末維新史の研究は一九九〇年代以降、実証研究が飛躍的に進んでおり、きわめて精緻な研究成果が量産されている。一方で、過度な実証主義に陥ってしまい、新しい「明治維新論」の構築がなされてこなかった事実も存在している。また、筆者は長年にわたり明治維新史学会に所属しており、令和四年（二〇二二）までの四年間は事務局長を務めたが、不安に感じたのは幕末史を志す大学院生の激減である。この点については、いち早く警鐘を鳴らす必要があると感じている。

最近の傾向として明治期以降の研究が隆盛であり、明治二十年代くらいまでに時間幅は広がっている。明治維新史研究の今後を考えた場合、注視すべき事態であろう。その事由を明らかにすることはできないが、大学生になるまでに幕末維新史に興味がもてなかったことが大きな理由であることは想像に難くない。ひとつの仮説として、幕末維新史が過度にエンターテインメント化され、大量にアウトプットされつづけたことによって、逆に研究対象として敬遠されたのではなかろうか。

ところで、令和四年度から高校の教育課程が大きく変更となり、近現代史を扱っていた科目「日本史Ａ」「世界史Ａ」は統合され、新しい必修科目「歴史総合」が誕生した。それにともない、今までは、たとえば山川出版社の教科書でいうと、『日本史Ａ』では「近世社会の動揺と近代への胎動」「開国と明治維新」といった章が設けられ、ペリー来航から戊辰(ぼしん)戦争に限定しても一六ページほどが割かれていた。しかし、同社の『歴史総合』では「近代ヨーロッパ・アメリカ世界の成立」「明治維新と日本の立憲体制」の章にまたがり、五ページほどに激減している。これをもって、幕末維新史を志す大学生のさらなる減少に直結するといえば少々乱暴ではあるものの、高校までの段階で接する機会が大きく後退することは間違いない。

こうした現状に鑑みても、最新研究の到達点を一般に広く紹介する、その必要性がいっそう増したことは感じていただけるのではないか。また、最新研究が一般読者に届くことは、きわめて意義深く、そのことによって新たな層の開拓も期待できるのではないかと確信している。

本書の内容

最近では、幕末維新期を含めた明治期を扱った、論点整理的な一般向け啓蒙(けいもう)書の刊行がみられるが、残念ながら幕末維新期を扱った項目が極端に少ない現状がある。そこで本書では、幕末維新史の研究上の到達点を、一般向けにわかりやすく紹介することで、読者の当該期や前後の時代への理解を深めることを目的としている。そのため、「時代を変えた英雄たち」という視点ではなく、朝廷・幕府などの諸勢力や当時の社会状況について、総合的な視点からこの時代を描き出すことに重点を置いている。

本書の執筆陣は、若手や中堅の研究者を中心にしながらも、筆者のようなベテランも含め幅広い年齢層から、進取の気性に富む歴史家に集結いただいている。おそらく、これほどの陣容を擁することは、今後もそう簡単ではないと自負している。

本書の具体的な構成であるが、序章では、坂本龍馬や薩摩（さつま）藩を例にして、最新研究からみた一般理解と乖離（かいり）する時代像を明らかにし、幕末維新史研究の最前線として、二〇〇〇年代以降の一般書を中心に紹介する。

第一部「「幕末」とはどのような時代なのか」では、一九世紀中頃の世界情勢や国内の対外政策、研究上の幕末の時期区分、「鎖国」「海禁」をめぐる研究史や現在の問題点、尊王（そんのう）論の系譜や尊王思想台頭の背景、また、幕末社会のコレラ流行、大規模地震やハイパーインフレなどの社会不安について、丁寧に論述されている。

第二部「ここまでわかった！　朝廷・幕府・諸勢力」では、朝廷の財政問題や政治的転換点、桜田門外（さくらだもんがい）の変後の政治情勢や幕府体制の変化、京都で朝廷と幕府をつなぐ役割を担った一会桑（いちかいそう）勢力の現在の研究到達点や課題について、また薩摩藩の経済事情や長州藩の藩論である攘夷（じょうい）について、多様な視角から描写されている。

第三部「再検証！　幕末維新史の転換点」では、ペリー来航を軸とした欧米諸国による東アジア進出の実態と日本への視線、日米通商航海条約を起点とする安政（あんせい）五カ国条約の調印がもたらした世論への影響、討幕路線と大政奉還（たいせいほうかん）路線からひもとく倒幕の系譜、また、陸軍建設の視点から捉えた長州藩の軍制改革や制度・設備・人材からみた幕府海軍から明治海軍への連続性について、的確に詳解されている。

第四部「「幕府の終焉」と「戊辰戦争」は自明だったのか」では、薩長同盟の実相と歴史的意義、幕府視点で捉えた大政奉還、戊辰戦争による諸藩の動静と列強の対応、新政府の組織の実態や旧公家の動向、明治初年から薩長藩閥の主導権が確立した「明治十四年の政変」における政府の実情と士族反乱について、考察の結果が論述されている。終章では、明治維新は後世、どのように評価されてきたのか、明治から現在に至る明治維新論の画期と変遷について、具体的に論述されている。

研究者から一般の歴史ファンまで幅広く、たくさんの方々が本書を手に取り、おおいに刺激を受けると同時に、幕末維新史研究の最前線に興味関心を持っていただければ幸いである。そして、本書が読者の座右の書の一冊になることを切に期待したい。

編　者

目次

第2部 ここまでわかった！ 朝廷・幕府・諸勢力

第3部 再検証！ 幕末維新史の転換点

第4部 「幕府の終焉」と「戊辰戦争」は自明だったのか？

序章　【研究の現在】

幕末維新史研究の最前線——一般理解と乖離する時代像

町田明広

「尊王攘夷」VS「公武合体」は事実なのか

本書は、幕末維新史への招待と銘打っているとおり、入門書の位置づけである。よって、本章では「研究の最前線」といっても、学会誌で取り扱うような、幕末維新史研究の「回顧と展望」的なものを叙述することは目的としていない。そのような次元とは一線を画し、一般理解と乖離(かいり)する時代像を明らかにするために、坂本龍馬(さかもとりょうま)と薩摩(さつま)藩の研究を例にして、一般常識とは大きく異なる「研究の現在」地点を、読者のみなさんにわかりやすく説明することを目的とした。

とはいえ、いきなり一般常識とは大きく異なっていると明言されても、ピンとくる方は少ないのではなかろうか。そこで、最初に幕末維新史を論じるにあたっての定番ともいえる、「幕末とは

「尊王攘夷」派と「公武合体」派の政争である」という定義について検討したい。

尊王攘夷派には長州藩、公武合体派には幕府や薩摩藩が分類されており、やがて薩長同盟によって薩摩藩も長州藩と結びつきを強め、尊王攘夷派から発展した「倒幕」派に転換し、明治維新が成し遂げられたとされる。しかし、幕府や薩摩藩も尊王であることは間違いなく、武備の充実後には攘夷を実行すると唱えていた。一方で、長州藩も一時は公武合体運動の中心的位置を占めており、幕長戦争（第二次長州征討）では長州藩の領内に攻め込んできた幕府軍を撃退したものの、この段階で倒幕といった無理筋なことなどめざしていない。

つまり、対立概念でない尊王攘夷と公武合体で敵味方を切り分けしようとしている事実が浮かび上がる。「尊王攘夷」派と「公武合体」派の政争であるという定義は成り立たないことになり、一般常識とは大きく異なる。しかも、薩摩藩も長州藩も幕藩体制の維持を当たり前のように肯定しており、討幕といった概念など微塵も存在しない段階から、すでに存在していることを前提にしている。これでは、そもそも史実に反する前提条件の下で、幕末維新史を学ぶことになり、真理には近づけないことをおわかりいただけるであろう。

では、こうした対立構造が一般常識となる「からくり」はどのようなものなのか。じつは単純明快で、高校までの日本史の教科書は「尊王攘夷」VS「公武合体」を前提にして記述されており、歴史教育の現場で刷り込まれる誤った常識が一般理解として定着することは、ある意味当然の帰結であろう。さらに、ほとんどの歴史書や雑誌も「尊王攘夷」VS「公武合体」を自明の前提として書かれているため、そこから抜け出すことはかなり難しい。筆者はこうした事態を憂い、意識的に一般書を書きつづけているものの、残念ながら道半ばである。

坂本龍馬の虚像と実像

坂本龍馬は幕末維新史への関心の有無にかかわらず、多くの日本人が知っている歴史上の偉人であることは論を待たない。龍馬の一般的理解について、オンライン辞書・事典検索サイト「ジャパンナレッジ」に登載されている『日本人名大辞典』では、以下のとおり紹介されている。

「文久元年土佐勤王党にくわわり、翌年脱藩して勝海舟の門にはいって航海術などをまなび、開国論にめざめる。神戸海軍操練所の塾頭をつとめる。慶応元年長崎で亀山社中（のちの海援隊）をつくり海運・貿易に従事。2年西郷隆盛と木戸孝允の間をとりもち薩長同盟を成立させる。「船中八策」の構想のもとに幕府の大政奉還を実現させ、新統一国家の建設を目ざした」

手前みそになるが、龍馬の最新研究書である拙著『薩長同盟論』（人文書院、二〇一八）・『新説坂本龍馬』（集英社インターナショナル新書、二〇一九）のなかで、龍馬が塾頭に就いたのは神戸海軍操練所ではなく勝の私塾であり、亀山社中（かめやましゃちゅう）は存在せず、薩長同盟を成立させる一翼を担ったものの、龍馬一人の功績ではないことを論じた。また、船中八策は知野文哉『「坂本龍馬」の誕生』（人文書院、二〇一三）によって、存在自体が否定され、大政奉還も龍馬の手柄とはいいがたい。つまり、龍馬は過大評価されているといえよう。

それでは、なぜ龍馬は肥大化した虚像に仕立てられ、国民的な大ヒーローになったのだろうか。筆者は、司馬遼太郎によるところが大きいと考えている。司馬が幕末作品を量産した時代は、昭和四十三年（一九六八）前後にあたっており、時はまさに「明治維新百年」に合致する。今からおよそ五十年前の「明治維新百年」は、国家行事としてトップダウンで企画・実行された。敗戦後、自信を失っていた日本人に勇気を与えるために、明治維新という未曾有の大成功を大げさに取り上げ賛美した。龍馬のような、数多の「ヒーロー」が世の中に輩出され、日本人に勇気を与えた。

その推進力となったのが、国民的作家たる司馬であった。明治を合理的な人間が作り出した明るい国家として称賛を惜しまず、一方では、戦前戦中の昭和を非合理的で無能な人間がそれを破壊した、暗黒な国家として断罪する。明治維新の成功と高度経済成長の成功が無媒介に直結され、戦前の日本を意図的に等閑視する。その視点から生み出された司馬の小説は、いつの間にかノンフィクションのように受け取られ、司馬自身は小説家を超えた影響力を発揮しつづけている。

その司馬が作り出した最大の存在こそ、『竜馬がゆく』で作り上げた一般的な龍馬像にほかならない。龍馬は海援隊を率いたビジネスマンとしての側面が強調され、高度経済成長の精神的支柱とされた。龍馬は暗殺されたため、ビジネスとして世界制覇はできなかったが、その遺志を今の日本人が引き継ごうといった感じである。さらに、メディアはこうした龍馬像をいっそうデフォルメして、一般理解を旧態依然のままにコントロールしている節さえ見受けられる。あえて最新の研究を度外視して、過激で面白そうなフェイク的なものまで取り上げる、メディアのこうした態度にも問題があるのではないか。

しかし、実証研究が進んだ現在において、その対象は龍馬にも及びはじめ、司馬によって、さらにその後肥大化した龍馬像を無批判に受け入れることに、抵抗を感じはじめた研究者が現れた。そもそも、司馬の作品には事実誤認が散見され、時には作為的な匂いすら漂う。しかも、過剰な表現が駆使され、いつしか本当の人物像からかけ離れてしまった。こうして龍馬の実証研究がスタートし、過大評価されたぜい肉をそぎ落とすとともに、過小評価されていた部分の発見から筋肉を付ける新たな作業が始まっている。

薩摩藩研究の到達点

筆者の主たる研究対象である幕末維新期の薩摩藩の研究は、意外にも極端に後れを取っており、その傾向はとくに政治史において顕著であった。とくに一九九〇年代以前では、毛利敏彦『明治維新政治史序説』（未来社、一九六七）を挙げることしかかなわない。薩摩藩研究の貧困さは、六〇～七〇年代の研究史において、維新に導いた政治主体の解明に力点が置かれ、しかもその典型を長州藩に求めたことによる弊害のひとつとされるが、その最大の事由は、島津家関連史料の整備が遅れていたことに起因しよう。

たとえば、現在では幕末薩摩藩研究の必須史料である『鹿児島県史料　忠義公史料』は昭和四十九年（一九七四）、『鹿児島県史料　玉里島津家史料』は平成四年（一九九二）にようやく刊行が始まったことはその証左である。とくに『玉里島津家史料』の刊行開始以後、史料事情は飛躍的に改善し、幕末薩摩藩の研究は本格化したといっても過言ではない。

それ以前の薩摩藩研究は、史料がまとまって使用できた明治の元勲である西郷隆盛・大久保利通の研究から始まっており、そのため元治期（一八六四～六五）以降の薩摩藩は両者に牛耳られ、島津久光を操って政局運営したように記述されることが少なくなかった。それにより、幕末維新史それ自体が西郷・大久保中心史観によって構築されるという弊害を生んでしまった。なんでもかんでも、幕末維新史は西郷・大久保、プラスして坂本龍馬によって形成されたことになってしまった。

しかし、島津家関連史料の刊行によって、ようやく研究が深化した。そのなかで、芳即正氏と佐々木克（すぐる）氏の研究は双璧と呼べるものである。芳氏は、『島津重豪』『島津斉彬』（ともに吉川弘文館、一九八〇・一九九三）の伝記を執筆後、『島津久光と明治維新』（新人物往来社、二〇〇二）によって、斉彬（なりあきら）死後の薩摩藩が久光を中心に挙藩一致の国事周旋に邁進（まいしん）したことを丁寧に論証し、久光の初めての伝記というレベルにとどまらない、薩摩藩を中心とした幕末政治史を論じている。佐々木氏は、『大久保利通と明治維新』（吉川弘文館、一九九八）で大久保を中心に幕末の政治過程を丹念に論じ、そして現時点での最高峰である『幕末政治と薩摩藩』（同前、二〇〇四）をまとめあげた。該書は、斉彬治世以降、安政（あんせい）五年（一八五八）を起点として慶応（けいおう）三年（一八六七）の王政復古まで、幕末薩摩藩の政治的動向をほぼ網羅しており、前述史料を読み込んだ実証主義に基づく、文字どおり最初の幕末薩摩藩に関する研究書であった。

両者の研究は島津久光に焦点を当てたことで画期といえるが、西郷・大久保中心史観の克服はできておらず、依然として大久保の役割を過大評価したままであった。その最大の要因は、家老の小松帯刀（こまつたてわき）の存在を見落としていることにあろう。拙著『島津久光＝幕末政治の焦点』（講談社選書メチエ、二〇〇九）・『幕末文久期の国家政略と薩摩藩』（岩田書院、二〇一〇）とその後の論文において、島津久光のみならず小松帯刀の実証研究も盛り込んだ新しい薩摩藩研究を展開している。島津久光・小松帯刀の指示の下、西郷・大久保が活動している実態を提示し、一般理解の変換を促している。

なお、今後の課題としては、さらに精緻な政治史的な分析、経済史的なアプローチ、グローバルレベルでの実証研究、そのほか家老や藩士レベルの人物研究などがあり、その道は険しく長いものになる。筆者も微力ながら、少しでも貢献したいと考えている。

幕末維新史を正確に理解するために

ここでは、どのような著作物・文献を手にすれば幕末維新史の真の理解が深められるのか、読者のみなさんに二〇〇〇年代以降の一般書を中心に紹介したい。最初に通史であるが、**藤田覚**(さとる)**『幕末から維新へ』**（岩波新書、二〇一五）、**井上勝生『幕末・維新』**（同前、二〇〇六）、**青山忠正『日本近世の歴史六　明治維新』**（吉川弘文館、二〇一二）が入門書としてふさわしい。また、**井上勲『王政復古』**（中公新書、一九九一）は慶応三年（一八六七）がメインであるものの、前史の記述も十分にあることから、通史としても価値が高い。なお、**横山伊徳**(よしのり)**『日本近世の歴史五　開国前夜の世界』**（吉川弘文館、二〇一三）は寛政(かんせい)の改革（一七八七〜九三）からペリー来航（一八五三）直前の前史を網羅しており、あわせて挙げておく。

幕府について、一般書は必ずしも多くないが、安政期から大政奉還までを通観する**松浦玲『徳川の幕末』**（筑摩選書、二〇二〇）、将軍を中心に据えた**久住真也『幕末の将軍』**（講談社選書メチエ、二〇〇九）、京都における幕府機関ともいえる一会桑勢力を扱った**家近良樹『孝明天皇と「一会桑」』**（文春新書、二〇〇二）がある。なお、専門的に深めたい場合は、幕府を多角的に考察しながら、新しい明治維新論を展開する**奈良勝司『明治維新をとらえ直す』**（有志舎、二〇一八）を推薦したい。

朝廷について、江戸時代の天皇を知る画期となった**藤田覚『幕末の天皇』**（講談社学術文庫、二〇一三）、将軍との関係性から天皇を描写する**久住真也『王政復古』**（講談社現代新書、二〇一八）、孝明天皇と関白鷹司政通を軸に宮中を叙述する**家近良樹『幕末の朝廷』**（中公叢書、二〇〇七）、廷臣の観点から朝廷の動静を探る**刑部芳則『公家たちの幕末維新』**（中公新書、二〇一八）がある。**佐々木克『幕末の天皇・明治の天皇』**（講談社学術文庫、二〇〇五）は近世と近代の天皇を比較しており、ユニークな存在である。

対外関係では、英国外交官アーネスト・サトウの日記をとおし、日英交渉史を基軸とする**萩原延壽『遠い崖』**（全十四巻。朝日新聞社、一九九八〜二〇〇一）は外せない。最近の傾向として、外国語文書を駆使した成果が多く現れており、**佐野真由子『オールコックの江戸』**（中公新書、二〇〇三）などが好例である。最後に、枚挙にいとまがない人物史のなかで、**青山忠正『高杉晋作と奇兵隊』**（吉川弘文館、二〇〇七）、**松浦玲『勝海舟』**（筑摩書房、二〇一〇）、**高村直助『小松帯刀』**（吉川弘文館、二〇一二）、**家近良樹『西郷隆盛』**（ミネルヴァ書房、二〇一七）、**瀧井一博『大久保利**

通』（新潮選書、二〇二二）を推薦したい。なお、紙幅の関係で紹介できた分野が限られ、しかもタイトル程度の紹介となったことをお許しいただきたい。

さて、今後の明治維新史研究の展望にふれて本章を閉じたい。一九七〇年代以降、おびただしいほどの新しい史料が発掘され、それまでの論なり史実を覆すものも少なくなく、それらを対象とした研究が主流になっていることは、ある意味当然かもしれない。筆者自身も過度な実証主義に陥っていることは否定しえないが、実証的な研究なくして新しい「明治維新論」の構築は不可能であろう。多くの研究者は「論」の重要性を意識しながら、なかなかそこにたどりつけないジレンマがあるのではなかろうか。しかし、実証研究がある程度そろいつつある現在、この間の主流であった実証研究の蓄積をふまえ、多くの「明治維新論」が新たに提起され、明治維新史研究がさらに活性化することを期待したい。

第1部

「幕末」とはどのような時代なのか

1章

【世界情勢】

幕末はいつからはじまるのか？

森田朋子

はじめに

幕末の起点のひとつに「開国」を置く考え方は古くからある。この「開国」とは、「鎖国」に対応する歴史用語である。「鎖国」とは、江戸幕府による禁教・貿易統制・日本人の出入国管理を目的とした政策であり、幕府は外国を「通信」の国（国交がある国：朝鮮・琉球）・「通商」の国（商売のみの国：オランダ・中国）といったカテゴリーに分けて対応してきた。

そのため、嘉永六年（一八五三）六月のペリー来航とフィルモア米大統領国書の受領は、この政策を変更することとなり、翌年三月の日米和親条約調印による新たな「和親」カテゴリーとしての国交開始、さらには安政五年（一八五八）六月の日米修好通商条約調印による自由貿易の開始へとつながっていく。ペリー来航を幕末の起点とする考え方があるのは、そのためである。

しかし、このペリー来航は突然起こった事件ではなく、その前提には世界情勢の変化があった。すでに一八世紀末以来、日本の周辺に外国船が数多く来航して開港や交易を求めるようになっており、ペリー来航はそうした事例のひとつでもあったのである。

本章では、ペリー来航以前にさかのぼり、そうした日本を取り巻く各国の動向と幕府の対応について概観し、最後に幕末の始期に関する日本史学界の議論のいくつかを紹介することにしたい。

ペリー来航期の日本をめぐる世界情勢——オランダ・ロシア・イギリス

近年では、江戸幕府はペリーが来航するという情報をあらかじめ知っていたということが常識となり、「ペリー来航予告情報」という言葉も当たり前のように使われている（岩下：二〇〇〇）。艦隊の詳細も含め、ペリーが来航して開国・通商を要求するという情報は、幕閣だけでなく、九州の諸大名や御三家、公家、江戸の海岸を防御する譜代大名たちや浦賀奉行にも事前に共有されていたのである。ペリー来航の前年、嘉永五年（一八五二）六月、オランダ商館長に就任するため来日したドンケル・クルティウスは、「別段風説書（べつだんふうせつがき）」で翌年のペリー来航の情報を幕府に報じた。

長崎の警衛を担当していた福岡藩主の黒田斉溥（くろだなりひろ）は、この情報を受けてすぐに幕閣へ意見書を提出した。その内容は、アメリカ艦隊が来航しても交易要求は拒絶すべきであるが、現在の海防体制では撃退することは不可能であるなどの意見と、漂流民から留学生となり十年のアメリカ生活から帰国した中浜万次郎（なかはままんじろう）に海軍を作らせることや、しかるべき大名に情報を開示して対策を諮問することなどといった今後の対応策である。この黒田の提案が採用されることはなかったが、外様大名から幕府へ意見書が提出された政治的意義は大きく、ペリーが持参したフィルモア米大統領からの国書の内容を全国の大名に開示して、対応についての意見を求めることにつながったと考えられている（岩下：二〇〇〇、奥田：二〇一八）。

じつはアメリカ政府は、日本へのペリー艦隊使節派遣にあたって、日本とヨーロッパの唯一の窓口であるオランダにも協力を求めていた。ペリー派遣の情報を日本へ知らせておくことは、アメリカ政府の望むところであり、一方、オランダも、アメリカによって日本の鎖国政策が変わることを期待していたのである。アヘン戦争（一八四〇～四二年）に勝利したイギリスは、中国（清）と南京（ナンキン）条約を結び開国させたが、中国貿易を独占することはなく、フランスやアメリカにも南京条約と同様の条約を結ぶことを容認し、ヨーロッパ列強による共同歩調の方針をとった。オランダも日本貿易を独占するのではなく、欧米列強へ門戸開放することが求められるようになっていたのだ。このことはアヘン戦争後の天保（てんぽう）十五年（一八四四）に、オランダ国王ウィルレム2世から幕府に開国を勧告する書簡が送られたことからもうかがえる。

オランダと同じように、日本の鎖国政策の転換を期待している国があった。ロシアである。ロシアは文化元年（一八〇四）にレザノフを長崎へ派遣した際に、国交を開くことを幕府から拒否されたが、それで諦めたわけではけっしてなかった。ペリー艦隊の来航情報を得るや、アメリカが日本の開国を実現させることを期待し、また自分たちもその恩恵にあずかるため、プチャーチン艦隊を日本へ派遣する準備をした（麓：二〇一四）。ペリー来航から二カ月も経たないうちにプチャーチンの率いる四隻の艦隊が長崎にやってくるのは、偶然の出来事ではなかった。もっともロシアとの間に和親条約が締結されたのは、安政元年十二月（一八五五年二月）になってからのことであった。国境問題があったとはいえ、日米和親条約に比べて締結が遅れたのは、クリミア戦争がアジア地域にまで拡大したという事情がある。

イギリスとは、ロシアより四カ月早くに、日英和親条約ともよばれる日英約定が、安政元年八月に締結された。東インド・中国艦隊司令スターリングは、クリミア戦争の軍事行動の一環としてプチャーチン艦隊を追って来日した。そして日本に中立を求めたのであるが、幕府は開国要求の使者と誤解したため日英約定が締結され、スターリングはたまたま日本を開国させる栄誉を得ることになった。当時のイギリスは、ヨーロッパにおいてはクリミア問題で手いっぱいであり、アジアにおいては中国への本格的な進出に忙殺されていたが、日本の開国には強い関心をもっていた。一九世紀の覇権国家であるイギリス帝国にとって、世界中を自由貿易体制のなかに取り込むことは至上命令となっていたのである。

ペリー来航の目的

嘉永六年（一八五三）六月、ついにペリー艦隊が浦賀に来航した。ペリー来航の目的は、大ざっぱにいえば日本を開国することであったといえるが、もっとも重要な目的はなんであったのかということはじつは明確ではなく、現在に至るまでいろいろと議論されてきている。

日本を開国させたアメリカの目的については、翌年に成立した日米和親条約の内容から判断して、（1）薪水（しんすい）・食糧・石炭の供給、（2）漂流民の救助であったとする説が一般的であった。近年では、とくに（1）について、中国貿易のための太平洋航路の創設という観点から、日本に中継港としての役割を期待していたという説が支持されるようになっている。当時のアメリカは、メキシコとの戦争での勝利によって一八四八年にカリフォルニアなど太平洋西部地域を獲得し、さらに翌年のゴールドラッシュでカリフォルニアの人口が爆発的に増加したことにより、太平洋の向こう側にある中国への航路開設の条件が整ったのである。

アメリカの目的を、フィルモア大統領の親書からもう一度見直そうという動きもある（奥田：二〇一八）。親書の冒頭には、ペリー派遣の目的は（3）国交の樹立と（4）日本との貿易であると明記している。(4)については、日本の拒否にあって最終的に断念したが、フィルモアは親書のなかで、試行期間を設けてもいいから貿易を始めてみないかと熱心に説いている。

アメリカによるペリー派遣の本当の目的が(4)日本との貿易ならば、軍事的優位にあったアメリカが日本の拒絶を受け入れるはずがないと思われるかもしれない。ペリー艦隊の行動は、威圧のもと交渉を進めるという一九世紀に特有の「砲艦外交」である。ペリー自身も日本を開国させるためには、脅しが有効であると確信していた(今津:二〇〇七)。しかし、ペリーは軍事行動を制限する訓令を本国から受けており、フィルモア大統領の親書にも、日本の安全を脅かさないということがはっきりと書かれている。

このように軍事行動に慎重であったということもあるが、(4)日本との貿易に固執しなかったのはやはり、(3)国交の樹立こそを最大の目的としていたからなのではないだろうか。国交さえ樹立できれば、貿易などは後から交渉することが可能である。事実、日本とアメリカとの貿易は、日米和親条約→日米修好通商条約の二段階によって完成した。ここでいう(3)国交の樹立とは、この当時では国と国との間でなんらかの条約を締結するということである。ペリーは条約を締結したことによって、日本を欧米の条約体制に引き入れること、つまり当時の国際社会の一員に日本を引き入れることに成功したのである。

異国船の来航と幕府の対応

幕府の異国船対策といえば、文政八年（一八二五）の異国船を見かけたら打ち払えという無二念打払令と、その後、アヘン戦争に対応して出された天保十三年（一八四二）の薪水給与令がよく知られている。

しかし、寛政三年（一七九一）の「異国船取扱令」についてはあまり知られていない（横山：二〇一三）。これは異国船を見かけしだい、対処する人員を配備し、穏便に接触して漂流船を拘束し、幕府からの指示を伺うこと、抵抗する場合は戦闘手段を用いてよいこと、異国船が複数の場合はどうするかなどが定められたものである。

すでに安永七年（一七七八）にロシア船が根室に来航し、ラッコ猟の際に必要な生活物資を手に入れるため、松前藩に交易を求めた事例があるが、寛政三年には、日本でも毛皮交易をしようとした異国船来航が二件あった。一件目は、紀州大島に上陸したアメリカ商船で、船長ジョン・ケンドリックは日本に来航した最初のアメリカ人として知られる。二件目は博多・小倉などに来航したイギリス商船アルゴノート号であった。このときは小倉藩との間に武力衝突が発生する可能性もあった。こうした事態を受け、幕府はこのアルゴノート号事件の直後に、先述の異国船取扱令を新たに発したのである。なお、翌年に根室に来航したラクスマンには、異国船に対して拿捕あるいは打払いをすることは、古来の国法であると説明しているが、これはこの寛政三年令のことである。

もうひとつ、あまり知られていない法令が、嘉永二年（一八四九）十二月の海防強化令、あるいは御国恩海防令とよばれるものである。阿部正弘が老中首座となってすぐの弘化三年（一八四六）に、セシーユ提督率いるフランス艦隊三隻が琉球、次いで長崎に来航し、国交の樹立と貿易の開始、「通信」「通商」を求めた。同年閏五月に、ビッドル提督率いるアメリカ艦隊二隻も浦賀に来航し、同様の要求をした。またこの年には、江戸への入港を求めるデンマークの軍艦も相州沖に来航した。さらに嘉永二年に幕府がもっとも警戒するイギリスの軍艦マリナー号が来日し、浦賀や下田などで測量を行った。こうした立て続けて発生した異国船の来航と開国要求に直面した幕府は、御国恩海防令を達した。その趣旨は、二百年来の泰平を享受した「国恩」（徳川幕府に対する恩）に報いるため、町人・百姓に至るまですべての人びとが挙国一致で協力して、異国船に対応しなければならないというものであった。

研究史上の時期区分

一九七〇年代以前の歴史学界では、マルクス主義史学の隆盛もあって、時代区分論は主要なテーマのひとつであった。それは幕末史研究の分野でも同様であったが、その際に争点となったのは、幕末がいつからはじまるかということではなく、「明治維新」はいつからはじまるのかということであった。

田中彰は『明治維新』（一九七六）のなかで、明治維新の時期区分論をまとめている。当時は、明治維新を第二次長州征討以降、幕府が倒れ、維新政府が成立する慶応期から明治元年（一八六五〜六八年）前後とする説もあったようであるが、このような狭義の捉え方を別として、明治維新の始期については、天保期（一八三〇〜四〇年代）と開国期（一八五三〜五八年）の二説があることを紹介した。田中は、このうちの天保期説について、戦後から六〇年頃まで強く支持されたもので、マルクス主義史学の影響を強く受けて農民的商品経済の発展や階級闘争など「内的必然性」を過大に評価したものであると批判した。

一方、開国期説について田中は、嘉永六年（一八五三）のペリー来航を「明治維新」の始期とみる考え方はもともと明治以来の同時代史的な感覚であったが、戦後には前述の「内的必然性」

論に対して「国際的契機」論（外からの出来事が契機となって明治維新がはじまったとする説）とよばれたことを紹介する。そして六〇年代になって、ペリー来航は偶然ではなく世界史の必然であるとする見解があらわれ、開国期こそが「世界資本主義の発展のなかに日本が包摂された決定的時点」と考えられるようになったと説いた。

一九八〇年代以降は、田中の評価の流れを受け継いで明治維新、あるいは近代の記述をペリー来航から書き出すことが大勢を占めるようになった。

荒野泰典他編『近代化する日本』では、シリーズものという制約はあるものの、天保十三年（一八四二）の薪水給与令への転換を同書の対象時期のはじまりとしてあげていて、アヘン戦争とそれに対する幕府の対応に「近代化」の画期を見いだしている。天保期説は、田中の説明したように「内的必然性」としては支持されなくなったとしても、アヘン戦争という世界史的視野からその後も注目されている。

明治維新ではなく、幕末という時代性にこだわっている研究者もいる。藤田覚は幕末の起点を一八世紀末におくことを提唱した。『幕末から維新へ』（岩波新書、二〇一五）には次のように書かれている。

「幕末の叙述は、一九世紀半ば近く、一八四〇年代前半の天保の改革、あるいはペリー来日から始めるのが通常である。しかし、幕末の歴史に主役として登場する欧米列強、天皇・朝廷、成長をとげた民衆などが、一八世紀末にその姿を現してくる。本書の叙述が、一八世紀末から始まる理由である」

そのほか、近年の明治維新論に関する著作のはじめ方をみると、先ほどのロシアとの接触期、アヘン戦争のほか、安政五カ国条約の締結された一八五八年あるいは幕府が終焉して明治政府の樹立などさまざまである。

このほかにも、国内政治の動きに近世的な政治体制の変質、幕末のはじまりをみている研究もあるが、大勢としては、国内的要因よりも、対外的・国際的要因を重視して、そこに明治維新、幕末の起点を求める見方が、現在は主流になっているといえよう。

〈主要参考文献〉

荒野泰典、石井正敏、村井章介編『近代化する日本』吉川弘文館、二〇一二

今津浩一『ペリー提督の機密報告書―コンフィデンシャル・レポートと開国交渉の真実』ハイデンス、二〇〇七

岩下哲典『幕末日本の情報活動―「開国」の情報史』雄山閣出版、二〇〇〇

奥田晴樹『幕末政治と開国―明治維新への胎動』勉誠出版、二〇一八

田中彰『明治維新』(日本の歴史24)、小学館、一九七六

麓慎一『開国と条約締結』吉川弘文館、二〇一四
横須賀市編『新横須賀市史　通史編　近世』横須賀市、二〇一一
横山伊徳『開国前夜の世界』(日本近世の歴史5)、吉川弘文館、二〇一三

◎関連書籍紹介

北岡伸一『明治維新の意味』新潮選書、二〇二〇
藤田覚『幕末から維新へ』(シリーズ日本近世史5)、岩波新書、二〇一五
宮地正人『幕末維新像の新展開―明治維新とは何であったか』花伝社、二〇一八
三谷博『維新史再考―公儀・王政から集権・脱身分化へ』ＮＨＫブックス、二〇一七

2章

【鎖　国】

なぜ「鎖国」から「海禁」とよぶようになったのか？

大島明秀

はじめに

昭和二十七年（一九五二）、長らく言論界を牽引した徳富蘇峰（一八六三〜一九五七）は、畢生の大作『近世日本国民史』全百巻を完成させた。その第十四巻「徳川幕府　鎖国篇」で、「鎖国」を近世日本の運命を決定づけた政策とし次のように評した。

「徳川幕府が鎖国の国策を、徹底的に励行したる結果、日本国民は、全く蓑虫と成り了つた。而して此の蓑虫が、袋から首を出して、周辺を見廻はす時には、最早世界の何処にも、殆ど立錐の地は無かつた」（近世日本国民史刊行会、一九六五年第二刷を使用、旧字は常用漢字に改めた）

この「近世＝鎖国＝蓑虫」とする歴史観は、古今東西の書物を渉猟した蘇峰独自の視座ではなく、むしろ同時代の人口に膾炙(かいしゃ)した一般的な近世日本像であった。問題は二点で、第一に、限定的ながらも存在していた海外との関係が見落とされていること。そして第二に、「鎖国」が、「国を閉ざす(閉ざした国)」という意味に加え、「孤立し、世界から取り残された」という否定的な評価を含んだ言葉となっていることである。

一般的な理解でも、鎖国=国を閉ざして孤立していた江戸時代の日本、というものがいまだ多いように感じる。しかし当時の実態は、厳しい制限下にありながらも対外的な関係が絶えず保持されていた状況にあり、「鎖国」という表現自体、多くの研究者から疑義を示されている現状である。そこで本章では、「鎖国」概念がなぜ根づいたのか、また、それに替わる用語として近年使用されるようになった「海禁」の意味について、解説していきたい。

「鎖国」体制とよんできた近世日本の対外関係

さて、近代以降、「鎖国」政策とよんできたものは、具体的には、江戸幕府三代将軍徳川家光(とくがわいえみつ)治世時の一六三〇年代に示された、カトリック禁制、貿易の統制、日本人の自由な出入国禁止を柱とする一連の対外政策のことである。ペリー(Matthew Calbraith Perry)艦隊の来航をはじめとする欧米列強の圧力によって国際関係が変容する幕末までは、近世日本の基本的な方針であった。これに付け加えて、漂流民の本国送還体制や寛永十八年（一六四一）から開始した沿海警備体制を含んだうえで「鎖国」体制とする場合も少なくない。ただしここで問題なのは、一七世紀に「鎖国」という概念が存在しないことである。

ここで江戸幕府の対外認識に視点を移してみよう。幕末の外圧のなかで大学頭林復斎が編纂した対外関係史料集『通航一覧』（一八五三頃に完成）を繙くと、近世日本は以下のように外国を四分し、認識・対応していた。すなわち、①国交を持つ「通信の国」（朝鮮王国と琉球王国）と国交を持たない「異国」に分け、さらに「異国」を、②例外的に商売関係を有する「通商の国」（中国とオランダ）、③指導が必要な地と「撫育」の地（蝦夷地）、④そしてまったく関係を持たない「異国」である。

対外関係を朝鮮、琉球、オランダ、中国に限定するあり方は、寛文年間（一六六一～七三）以降はなし崩しに事象と対応の実績が積み重ねられてきたが、一九世紀初頭に交易を求めるロシアの遣日使節レザノフ（Nikolai Petrovich Rezanov）の来航（一八〇四年）を受け、幕閣内で寛永期以来の「祖法」であることが再確認され、この方針が明確に自覚された。しかし「祖法」を議論するなかで、「鎖国」という言葉・概念が使用された形跡は認められない。

「鎖国令」は存在しない

一七世紀前半の日本は、カトリック勢力の排除が喫緊の課題である一方、生糸、漢方薬、白砂糖などの物資を対外依存していたため、簡単に外国と絶縁できない状況にあり、困難な局面を迎えていた。

このような状況下にあった一六三〇年代に、歴史教科書などで「鎖国令」とよぶ、次の五つの下知(げち)が相次いで打ち出された。その概要は以下のとおり。

①寛永十年(一六三三)。奉書船以外の日本人の海外往来禁止、キリスト教禁止、五年以上海外に居留する日本人の帰国禁止。
②寛永十一年。①に同じ。
③寛永十二年。①を改訂し、日本人の海外渡航と海外在住の日本人の帰国禁止。
④寛永十三年。③を改訂し、日本人とポルトガル人との混血児を海外に追放。
⑤寛永十六年。ポルトガル人の追放。

ここで注意すべきは、①~④と⑤では下知の性質が異なることである。まず、①~④は、幕領全域に出された法令ではなく、長崎奉行に対する下知である。ポルトガル・スペインを念頭に置き、あくまでカトリック禁教を狙いとして長崎での対応を指示したものであった。それに対し、⑤は「島原・天草一揆」（一六三七年）を契機として老中連署奉書で全国の大名に申し渡したものであった。ただし、その点に違いがあったものの、⑤も禁教に照準を定めたものであることは同様で、①〜⑤のいずれの下知にも、貿易の統制を意図した内容は含まれていなかった。なお、ただちにこの下知による規制を徹底遵守した体制になったわけではなく、寛文年間以降全国に広まり、徐々に浸透したものと考えられている。

ともあれ、以上のように一六三〇年代には複数の個別の下知・申し渡しが出されたが、「鎖国令」という法例は存在しない。つまり、上記の下知を一括りにした「鎖国令」という名には、この時期から「鎖国」がはじまった」とする後世のまなざしが込められているのである。

「鎖国」概念の誕生とケンペル著・志筑忠雄訳『鎖国論』の受容

「鎖国」という言葉は、長崎の蘭学者・志筑忠雄がケンペル（Engelbert Kaempfer）の日本の対外関係に関する論文を訳出した際に誕生した。そもそも本論文は、一七一二年に上梓されたケンペルのラテン語著書『廻国奇観』（『*Amoenitates Exoticae*』）第二巻第十四章の論文「日本王国が最良の見識によって自国民の出国及び外国人の入国・交易を禁じていること」（Regnum Japoniae optimâ ratione, ab egressu civium, & exterarum gentium ingressu & communione, clausum.）にさかのぼる。当該論文はケンペル没後の一七二七年に上梓された『日本誌』（*The History of Japan*）に付録として収録され、日本にはオランダ語版が輸入された。

志筑忠雄は蘭語再版（一七三三）を底本とし、付録第六編「日本帝国にとって、今のまま自国民に外国とのいかなる交易をもさせないことが有益か否かの論」(Onderzoek, of het vanbelang is voor 't Ryk van Japan om het zelve geslooten te houden, gelyk het nu is, en aan desselfs Inwooners niet toe te laaten Koophandel te dryven met uytheemsche Natien 't zy binnen of buyten 's Lands.)を訳出した。原題が長いことから、志筑は本文中の表現を参考に『鎖国論』（一八〇一）と題し、これを契機に「鎖国」という新しい日本語が誕生した。

ケンペル論文の要点を整理すると、外との交流を閉ざすことは『旧約聖書』の立場からは原則的に禁止であるが、当時の日本が①地理的条件、②経済的条件、③文明的条件、④民族・文化社会的条件、⑤政治的条件の五点を備えていることから、「あくまで例外的」に認めるという内容であった。

なお、志筑訳出の写本『鎖国論』には、ケンペルの観察に対する補足説明や誤りの訂正、または未知の知識やキリスト教関連記事の忌避など、翻訳時の改変が認められる。さらに、至る所に注釈や小文が加筆され、なかには、西洋やキリスト教に対する志筑忠雄の反感や嫌悪が示されたものも認められ、排他的な色合いを含んだ作品に変容している。

いずれにせよ、ケンペルの見解は、日欧の文化的差異と入手した日本情報が限定的なものであったことに起因する誤解であったものの、近世後期日本の読者にとっては、五代将軍徳川綱吉治政時の日本に対する讃美論と読みうる要素を含み、『鎖国論』はおおいに転写され、読み継がれた。

本書の流布によって「鎖国」という言葉は水面下で普及するが、文書などに使用されだすのは、日米修好通商条約が締結された安政五年（一八五八）以降である。ただし、幕末明治初期の「鎖国」の用例を見るかぎり、その語義は、あくまで「異国」に対して「日本を閉じたままにすること」や「閉ざした国」という意にすぎず、そこには肯定的ないしは否定的な意味合いは含まれていない。よって、この段階では「鎖国」はたんなる語のひとつであり、人々の発想を規定する力を持った言葉、すなわち「言説」とはなっていない。

「鎖国」とはなにか

近世を近世西洋からの文物や科学技術を鎖した時代、すなわち「鎖国」とする見解が定着していくのは、日本の帝国主義が強力に推進されだした明治二十年代以降である。この時期、「鎖国」によって日本は利益を得たのか、損失を被ったのかの議論「鎖国得失論」が活発化し、歴史学、史論、新聞論説などでおおいに展開された。

国家が国民に植えつけることを望んだ近世日本像は、第一期国定歴史教科書『小学日本歴史』(一九〇四)にうかがうことができる。本教科書で、家光期の対外政策は「外国の事情にうとくなりて、世界の進歩におくれた」と、日本が国際社会から孤立して西洋に後れを取った要因として描かれた。この否定的な近世像は第七期『くにのあゆみ』(一九四六)まで踏襲され、『小学日本歴史』刊行の三年後に施行した歴史教科の義務教育化(一九〇七)により、国民に浸透した。

このように、近代日本が自身の過去である近世を否定的な文脈で「鎖国」と表象したのは、「脱亜入欧」政策に起因する。日本の近代化の遅れの原因を「鎖国=西洋を閉ざしたこと」に求めつつ、さらにその近世のあり方を否定し、「近世=鎖国=未開」からの脱却を近代化の原動力とした。そして近代は「新しい日本」と捉えられ、「初めて国を建てること」という語義も含んだ「開国」を用いて表象された。

従来近世の問題としてのみ語られがちであった「鎖国」とは、じつは近世を「他者」とみなし訣別する近代日本のまなざしであり、西洋的近代化を志向した近代日本人のメンタリティにほかならない。

「鎖国」論から「海禁・華夷秩序」論へ

では、戦後の研究者は「鎖国」についてどのように考えてきたのか。

「鎖国」史観が強固に根づいていたなか、朝尾直弘は「鎖国制の成立」（歴史学研究会、日本史研究会編『講座日本史　四』東京大学出版会、一九七〇）や『鎖国』（小学館、一九七五）で、従来日本対西洋の図式のみで捉えられてきた近世の体制を、明・清朝の中国を中心とした東アジアとの華夷秩序を考慮に入れて見通すべきであることを主張し、徳川政権はその外交関係を利用して国内での支配体制の維持と正当化を構築する動きを行ったとする観点を提示した。

一方、田中健夫も「鎖国について」（『歴史と地理　日本史の研究』第二五五号、一九七六）を著し、「鎖国」体制は日本独自のものではなく、東アジアに共通したものではないかとの見解のもとに、明朝中国の貿易統制体制を表した「海禁」概念の使用を述べた。ただし、読者の質問に答えるやり取りのなかでの発言であったことから、それほど影響を与える問題提起とはならなかった。

「鎖国」史観に本格的に揺さぶりをかけたのは荒野泰典であった。昭和五十八年（一九八三）の歴史学研究会大会において、荒野は朝尾・田中の議論をふまえ、世界からの孤立を強く想像させる言葉である「鎖国」を廃し、「海禁・華夷秩序」を軸に理解することを説きつつ、近世日本が

「四つの口」を通じて国際交流を行っていたとする画期的な見取り図を示した。「四つの口」とは、①「対馬口」、②「薩摩口」、③「長崎口」、④「松前口」を指し、①を通じて朝鮮王国、②を通じて琉球王国、③を通じて中国商人ないしはオランダ東インド会社と、④を通じてアイヌと交流していたとする見通しである。その構想は『近世日本と東アジア』(東京大学出版会、一九八八)にまとめられ、目下、同書は近世日本の対外関係史を理解するうえでの基礎文献とし定着している。

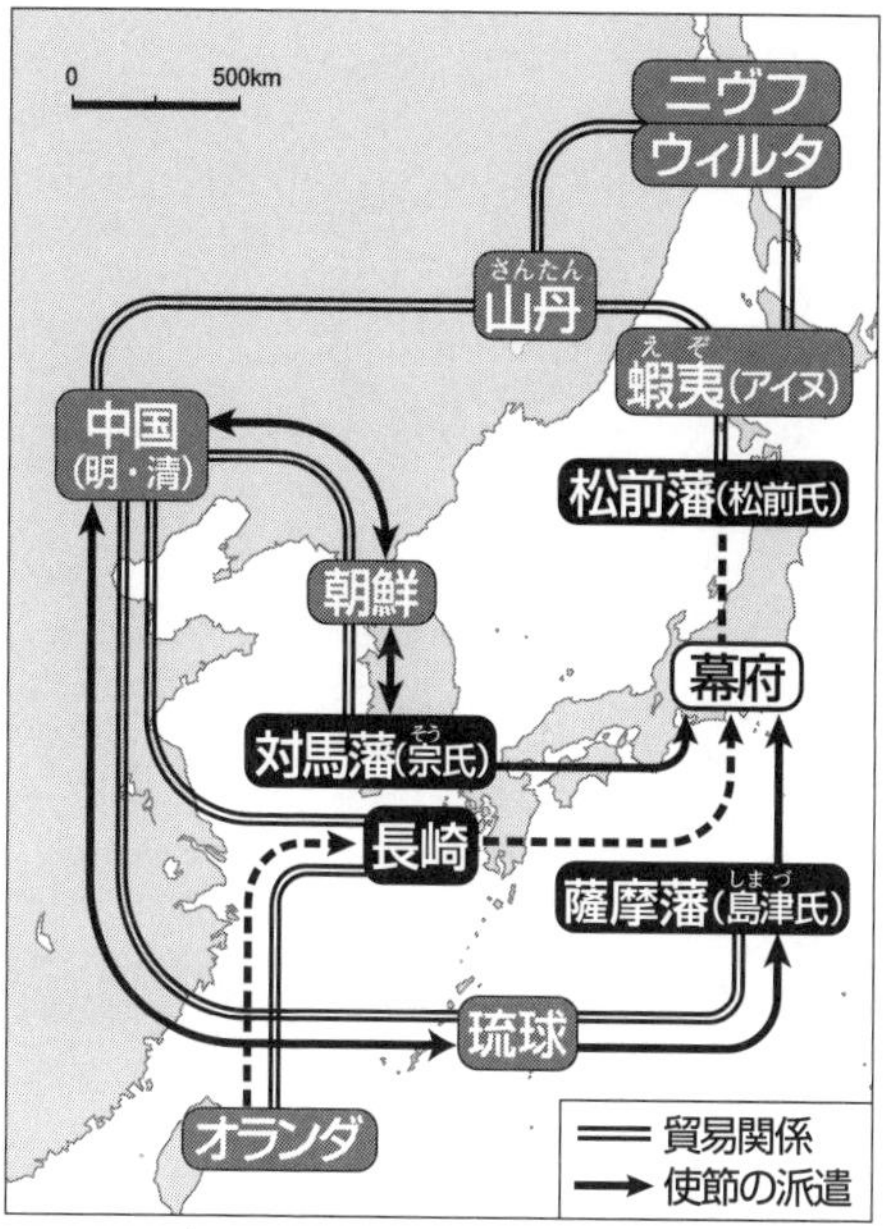

「四つの口」——日本からみた外交秩序

また、海外からもロナルド・トビ(Ronald P. Toby)が一石を投じた。一九八四年に刊行された『*State and diplomacy in early modern Japan*』(『近世日本の国家と外交』)において、徳川幕府の対外政策は明・清を中心とした華夷秩序から独立し、新しい東アジアの国際関係を構築することで日本の安全を確保し徳川政権の正当性を確立しようとした動きであることを指摘し、「鎖国」史観からの脱却を唱えた。

このような流れのなかで、筆者は、「鎖国」をケンペル論文に端を発して浸透した「言説」と捉える新しい研究視座を提示した。拙著『「鎖国」という言説』(ミネルヴァ書房、二〇〇九)で、「鎖国」が近代日本人のメンタリティを投影した概念であることを究明し、この「言説」を分析概念として用いることの不適切性を説いた。

筆者の解明によって「鎖国」概念の使用は終止符を打たれたかにみえたが、松方冬子は「寛永鎖国」と「幕末鎖国」とに分けて理解すべきことを主張しつつ、「華夷秩序」概念の怪しさを指摘し、加えて、明朝中国と近世日本では対外的な体制の内容と性格が異なるため、「海禁」概念をそのまま日本に援用することの問題を提起した(松方:二〇一七)。

二〇二二年現在、「海禁・華夷秩序」論と「四つの口」論から近世日本の対外体制を理解する見解が主流であるものの、他方、外との関係を保持していたことを前提としたうえで、「鎖国」と表現・理解することが妥当であるとする立場も存在し、「鎖国」・「海禁」論争はいまだ決着をみていない。

〈主要参考文献〉

荒野泰典『近世日本と東アジア』東京大学出版会、一九八八
大島明秀『「鎖国」という言説—ケンペル著・志筑忠雄訳『鎖国論』の受容史』ミネルヴァ書房、二〇〇九

紙屋敦之、木村直也編『海禁と鎖国』(展望日本歴史14)、東京堂出版、二〇〇二
松方冬子「2つの「鎖国」——「海禁・華夷秩序」論を乗り越える」『洋学』第二四号、二〇一七
山本博文『鎖国と海禁の時代』校倉書房、一九九五
洋学史学会監修『洋学史研究事典』思文閣、二〇二一
Toby, Ronald P.: *State and diplomacy in early modern Japan : Asia in the development of the Tokugawa Bakufu.* Princeton University Press, Princeton, N. J., 1984.

◎関連書籍紹介

荒野泰典『「鎖国」を見直す』岩波現代文庫、二〇一九
山口啓二『鎖国と開国』岩波現代文庫、二〇〇六
山本博文『家光は、なぜ「鎖国」をしたのか』河出文庫、二〇一七

3章

【尊王思想】

「尊王」と「佐幕」は対立軸ではなかった？

奈良勝司

「尊王」の高まりと孝明天皇

京都の中心部（旧洛中地域）では、学校や行政機関の敷地でしばしば「○○藩邸跡」の標識を目にすることがある。また寺社でも同様の由緒をもつところが多い。江戸時代、統治権力は天皇のいる京都への大名の接近を禁じていた。それが幕末になると、大名は次々と出張所（藩邸）を設けるようになり、手狭な洛中での候補地としてまとまった土地をもつ寺社などが選ばれた。またそうしてできた出張所は、明治以降、各種学校や役所に転用された。こうした事態は、各大名家が天皇に近づき自身の影響力を高めようと、また関連する情報を間近で得ようと考え、競合の大きなうねりが生じたために起こった。かかる力学を生んだ人びとの考え方は、一般に「尊王」

（または「勤王」）とよばれる。

長らく幕末維新史研究では、幕末の動乱すなわち「尊王」と「佐幕」の対立と理解されてきた。高まる天皇権威とそれに抗う「幕府」勢力の角逐こそが複雑な政争の底流を貫く基軸であったという考え方である。しかし、近年の研究ではこのような構図が前面に押し出されることはほとんどない。政治過程の詳細や関係者の思想が掘り下げられるにしたがって、この構図では変革の実態が説明できないことがわかってきたからである。たとえば孝明天皇の振る舞いである。尊王思想のもっとも具体的な対象であった彼は、たしかに幕末政局の前半期（文久三年〈一八六三〉頃まで）は徳川権力への対抗の核であった。ところが、文久三年に大和行幸が計画されると天皇はその阻止（八月十八日の政変）に動き、直近の叡慮（天皇の意志）は本心ではなかったと述べた。そして翌年には将軍家茂に「無謀の攘夷は朕の好むところではない」と述べ、条件付きながら「すべて幕府に委任」した。孝明天皇は慶応二年（一八六六）に悪性の疱瘡で亡くなるが（現在ではほぼ病死で間違いないことが医学的に論証されている）、その際毒殺説が流れたのは、天皇が統治者としては一貫して「佐幕」派であったことが政敵にも広く知られていたためであった。

草莽の志士・新選組・会津藩

「尊王」と「佐幕」を対立構図でみることの無理は、天皇と将軍を取り巻いた勢力からもうかがえる。文久二年（一八六二）頃まで旧秩序の解体に大きく寄与した、いわゆる草莽の志士は自他ともに認める「尊王」家であったが、その内実は大和行幸を画策した真木和泉や、但馬・生野で農民に挙兵を促した平野国臣のように、人びとの生活維持の観点から天皇の個人的意向以上に「民心」や「天命」を思考の起点に置いたり、水戸浪士のように「君則の奸」＝大老ら幕閣は排除しても将軍や徳川政権自体は否定しなかったりと、必ずしも天皇を絶対化し「幕府」と非妥協的に対立するものではなかった。

事は「佐幕」派も同じで、京都の治安維持のために集められた浪士組は清河八郎の策で尊王攘夷の魁とされた際に大半がこれを受け入れたし、そこから派生した新選組も近藤勇ら首脳は十分「尊王」であった（だからこそ、のちに御陵衛士として袂を分かった伊東甲子太郎らもいったんは幹部として入隊できたし活動できたのである）。戊辰戦争の際に官軍にもっとも激しく抗戦した会津藩は一藩挙げての「尊王」で、幕末の後半期（元治元年〈一八六四〉～）には孝明天皇の信任を受けていわゆる一会桑の一翼をなし、藩主松平容保は授かった宸翰（天皇直筆の文書）を筒に入れ肌身離さず持ち歩いたという。じつのところ、当時の大名の大半は「尊王」かつ「佐幕」という立場で、両者はけっして二律背反ではなかった。また幕臣は条約順守を天皇権威に優先させた勢力もいたが、主流派は天皇との協調（癒着）を選んだ。

江戸時代における尊王思想の系譜

このように、「尊王」は必ずしも天皇個人を信奉して絶対視するイデオロギーというわけではなく、また「佐幕」の立場と二者択一でもなかった。では、江戸社会の構造のなかで「尊王」思想はどのようにして立ち上がってきたのだろうか。江戸時代の前半から中盤にかけては、日本＝万世一系の天皇の国という意識は必ずしも常識ではなかった。たとえば新井白石は現状を天皇に代わる徳川王朝の時代と考えて、その画期も徳川家康が征夷大将軍宣旨を受けた慶長八年（一六〇三）ではなく関ヶ原の戦い（一六〇〇年）とみていた。『大日本史』で知られる徳川光圀（水戸黄門）も、基本的には王朝交代史観であった。

一八世紀末になるとこうした意識は変わりはじめる。国学が隆盛するなか、老中松平定信は若年の将軍家斉に対し、徳川の統治権力は天皇から委任されたもので、その淵源は京都の禁裏にあると論した（大政委任論）。そして文政八年（一八二五）には、領内の大津浜へのイギリス人上陸事件に刺激を受けた水戸藩士会沢正志斎が『新論』を著し、主君への「忠」と先祖への「孝」という概念を組み合わせ、時空を超え連綿と続く君臣関係とその頂点に立つ天皇という形で、体系的・有機的に天皇の国＝日本という想像力を立ち上げた。また京都では光格天皇が天皇号を復活させ（天保十二年〈一八四一〉）、現在の朝廷イメージにつながる改革を行った。このようにして、一九世紀前半には「尊王」思想は広く社会化し定着することになる。

ただし、元来それらに徳川を否定する意図はなかった。幕閣であった定信はむしろ将軍権力の強化、その根拠づけとして大政委任論を唱えており、御三家に属した会沢も現秩序の否定ではなく強化を願っていた。国学者の代表である本居宣長も徳川が統治する当時の体制自体を否定したわけではない。「尊王」は統治体制と調和し、むしろこれを助ける概念として政治化した。幕末には「公武合体」も唱えられるが、天皇権威は当初から「公武合体」と不可分な形で、その理想の一翼をなすかたちで高まったのである。

言葉の変化

これらの点は言葉の変遷からもうかがえる。現在我われが普通に目にする「朝廷」「幕府」という言葉は、じつは江戸時代半ばまでは一般的ではなかった。江戸時代に庶民が慣れ親しんでいた表現は、前者では「禁裏」、後者では「公儀（こうぎ）」「公辺（こうへん）」などであった。また天皇や公家は後者のことをしばしば「関東」と言い表した。注意したいのは、これらの表現が対（つい）の構造になっていることである。「禁裏」は表に対する裏という意味合いがあるし、「関東」は西に対する東という位置づけである。つまり「禁裏」は単体では成り立たず、〈表〉とセットで初めて機能し、「関東」も西にいる別個の存在を前提とした。少なくとも理屈としてはそのようなかたちを成す理解の構造が市井（しせい）に定着していたことを、これらの表現が長きにわたって一般的な概念として通用していたという事実は示唆している。

一九世紀前半からこうした表現は変化しはじめ、「禁裏」は「朝廷」と、「公儀」「公辺」は「幕府」とよばれることが増える。「朝廷」とはもともと政府を意味する一般名詞で、「禁裏」がこうよばれるようになったこと自体が、正統政府の所在の京都への転移を想起させた。「幕府」も本来は軍事司令官の野戦での指揮所をコの字形に囲んだ幕（まく）を表す語で、「公儀」（これも政府を意味する言葉であった）が「幕府」表現に取って代わられたことは、江戸を本拠とする徳川政権は権力の源（みなもと）ではなく、西の正統政府に使われる軍事機構（にすぎないの）だという意味を含んでいた（そのため「幕府」表現が普及した当初は蔑（さげす）みのニュアンスをともなった）。「尊王」の対義語としての「佐幕」という構図は、言葉の厳格な意味という点からも矛盾していたのである。

この語法の変化は、対称的かつ補い合っていた両者に明確な上下関係・主従関係が生まれ、しかし同時に双方が引き続き協調・協力することで政(まつりごと)はまわるのだという共通理解・大前提も保ったかたちで(政府と軍隊は主従関係にはあるが敵対しているわけではない)、幕末が到来したことを示していたのである。

武人政権の隘路

では、「尊王」はなぜ江戸時代後半に高まったのか。また、それが本来徳川の支配や現秩序の打倒をめざしていたわけではなかったのなら、幕末の激動と社会変革はどのように理解・説明すべきなのか。この難問への答えはなかなか史料の字面(じづら)に直接的に表れてくるわけではないが、ポイントとなるのは、「尊王」概念がそれ単体ではなく、「尊王攘夷」という四字熟語として、つまり対外問題への関心の高まりと迫りくる西洋列強への危機感・対抗意識との連鎖でその効力を発揮した点である。そしてそこで問題となったのは、軍事力の多寡であった。この事実が引き起こした問題を次の二点からみておこう。

まずは徳川政権の軍事力の相対的低下である。家康が戦国時代を終わらせ天下統一を果たしたとき、その決定打となったのは隔絶した軍事力であり、宗教的神秘性や文化資源などではなかった。暴力を背に反逆者は誅殺(ちゅうさつ)されるという真理は、文化的君主として知られる徳川綱吉(つなよし)の時代(将軍在位一六八〇〜一七〇九）でさえ多くの大名が改易（所領替えや取り潰し）を強いられたように、江戸時代前期までは存分に機能した。

しかし徳川吉宗の時代（将軍在位一七一六〜四五）以降、政権は「武」の価値をあらためて押し出した（「武」の儀礼化、「武威」の創出）一方で、長引く泰平という状況のもと現実の軍事力は低下を続け、「旗本八万騎」という言葉も形骸化していった。また改易が実施されることも稀になり、大名は土地への由緒意識（帰属意識）を高めて徳川の命令に唯々諾々と従う存在ではなくなりつつあった。迫りくる西洋列強に対して暴力による対抗がめざされた一八世紀末以降、本来その化身であったはずの徳川政権は往時の力を失い、もはや諸大名を無条件に率いるカリスマではなくなっていたのである。

水戸藩の旧藩校・弘道館に飾られている「尊攘」の掛け軸（弘道館所蔵）

第二に軍事力を発揮する方向の変化の問題である。戦国時代や江戸時代中期まではそのベクトルは基本的に内向きで（「天下」＝日本列島内部で展開し）、国内において誰が最強か、いかにライバルを抑えつけその力を削ぐかに徳川政権

（為政者）の心力は注がれた。しかし、一八世紀末以降登場した西洋列強の軍事圧力に対抗するには、全国の力を結集して外に向けるというベクトルの転換が必要となる。戦国大名のなかで最大最強であったという事実をそのまま固定化し秩序化してきた徳川政権にとって、ライバルを抑え込んだ経験は豊富でも、それをまとめ上げるノウハウと正当性は自明のものではなかった。

「武国」日本の統合軸として

このような二重の困難が「外圧」に対して徳川政権が直接に統合軸となることを妨げるなかで、「尊王」は「攘夷」と結びつきながら政治的活性化を遂げる。固有の領地や軍事力を〈持たざる〉性格が、逆に武人領主の集団の結集核として機能したのである。その意味で、前述した定信や会沢が対外問題の顕在化（ロシアやイギリスの接近）のタイミングで「尊王」を理論化・体系化したことは興味深い。またかかる背景ゆえに、「尊王」は武人に対する文人の雅（みやび）の対置などではありえなかった。それは神功（じんぐう）皇后の三韓征伐（さんかんせいばつ）のように、神話レベルで「武国」日本が海外に威光を示した〈語り〉と不可分に立ち上がった。事実、対外情勢が喧（かまびす）しくなった天保期（一八三〇〜四四）には、「武神」の象徴でありながらそれまであまり注目されていなかった神武天皇陵の修繕（修陵（しゅうりょう））が試みられ、ペリー来航後に具体化・実現した。また真木和泉も公家に対し、天皇権威は七百年以上、伝説上の（現実の影響力をもたない）神のように思われていたが、西洋列強との通商条約調印問題がこじれたことを契機に政治的に大きく上昇・活性化したと語っている。このような社会の動静・潮流はやがて、「神武創業」に立ち還るという維新政権発足の理念へとつながっていく。

神功皇后による「三韓征伐」を描いた錦絵（月岡芳年筆「大日本史略図会 第十五代神功皇后」。浅井コレクション所蔵。Photo: Cool Art Tokyo/DNPartcom）

それゆえ、「尊王」とはいいながらも、それを唱えた政治勢力にとって大事だったのは象徴としての「玉」であった。天皇個人の意志や意見はむしろ厄介なものであり、政治目標に抵触すると判断された際には否定ないしは無視された（薩摩藩士大久保利通は孝明天皇が長州征討を認めると「非義の勅命は勅命に非ず」と言い放った）。また、天皇を取り巻く環境や文化にも敬意は払われず、王政復古の達成からわずか一年ほどで都は江戸に移されたし（東京奠都）、宮廷儀式における女官の関与や中国風の文化も躊躇なく廃されるか薄められ、西洋の男性軍人をイメージの核とする改革が進められた。しかし、同じ彼らが他方では現実の天皇と謁見が実現した際には感激に震え、伊勢神宮を遥拝したときには「武国」の歴史に想いをはせて涙を流したことも、また紛れもない事実であった。天皇は強烈な求心力をもつカリスマでありながら、その存在はあくまで万世一系、皇統連綿（こうとうれんめん）たる悠久の歴史に即して意味をもつ「武国」の象徴として位置づいていた。

つまり、「尊王」は徳川政権＝武家の棟梁による統治に取って代わる理念でありながら、内実は「武」の否定ではなく、むしろその神話化・歴史化をともなう再強化の要請に沿って政治の舞台に現れた。だからイデオロギーそのものとしてただちに「幕府」＝徳川政権を否定することはなく、天皇のもとで将軍が軍人としての務め＝攘夷を果たすように働きかけ、その協力の体制（公武合体）を希求しつづけたのである。「倒幕」とは、そのような回路が不可能だとわかった結果生じた事実であった。また同時にそのことは、天皇を中心とする近代国家のもとで日本が西洋列強へのキャッチアップを新たな方策のもと希求することを、国家の存続に直結する国是として未来に引き受けたことをも意味したのである。

〈**主要参考文献**〉

青山忠正『明治維新』（日本近世の歴史6）、吉川弘文館、二〇一二
佐竹朋子「幕末の修陵事業―朝廷側の視点から」（『明治維新史研究』第四号、二〇〇七）
藤田覚『幕末の天皇』講談社学術文庫、二〇一三。初出一九九四

三谷博「『新論』覚え書き—《「忠孝」の多重平行四辺形》を中心に」(東京大学教養学部歴史学研究室編『歴史と文化』XVⅢ—歴史学研究報告第二十二集〈東京大学教養学部人文科学紀要第九十九輯〉、一九九四)
吉田俊純『水戸学と明治維新』吉川弘文館、二〇〇三
渡辺浩『日本政治思想史—十七~十九世紀』東京大学出版会、二〇一〇

◎関連書籍紹介

佐伯真一『「武国」日本—自国意識とその罠』平凡社、二〇一八
尾藤正英『日本の国家主義—「国体」思想の形成』岩波書店、二〇一四
前田勉『近世日本の儒学と兵学』ぺりかん社、一九九六
奈良勝司『明治維新をとらえ直す—非「国民」的アプローチから再考する』有志舎、二〇一八

4章

【社会の様相】

幕末社会とはどのような状況だったのか?

須田 努

はじめに

本章では、これまで一般向け啓蒙書ではあまり顧みられてこなかった幕末社会の様相をみてゆく。扱うトピックは、コレラ・地震・平田国学(ひらたこくがく)・ハイパーインフレである。一般に幕末社会の様相は、尊王攘夷(そんのうじょうい)派(長州藩・下級武士)の動向や尊王攘夷運動(異人斬り)とともに語られるが、ここでは、民の世界や在地・地域社会に目を向けた叙述を行った。これによって幕末に生きた人びとの姿を具体的に理解することができるだろう。

コレラの上陸・流行

安政（あんせい）五年（一八五八）五月、アメリカの軍艦ミシシッピ号が長崎に入港、上海（シャンハイ）で罹患（りかん）した船員からコレラが日本に上陸した。その頃、長崎には医学伝習所が開設され、オランダ海軍軍医ポンペが、松本良順（まつもとりょうじゅん）ら学生にオランダ医学を教授していた。ポンペと良順ら学生たちは、献身的な医療活動を行い、コレラと闘った。みな若者であった。ポンペは治療にキニーネを用いて、一定の効果を上げ、十月頃には長崎のコレラは鎮静化した。

当時の長崎の人口約六万人のうち、患者数は千五百八十三人、死亡率五五・五パーセントとなったが、ポンペと弟子の治療した患者では死亡率は三六・四パーセントに抑えられていた。コッホがコレラ菌を発見する（一八八三年）以前、決定的な治療法は存在していなかったなかで、この数字は驚異的成果といわれている。

日本国内において大規模感染が起こると予測したポンペは、コレラの病状に関する解説書を急遽（きゅうきょ）作成、日本各地の医師に配布した。同年八月から、大坂でもコレラは流行しはじめた。適塾（てきじゅく）を主宰し、優秀な蘭医を育てていた緒方洪庵（おがたこうあん）は、ポンペの解説書を読み、その難点を指摘しつつ病理観察に基づき、処置方法を細かく指摘した『虎狼痢治準（ころりちじゅん）』を刊行、全国の医師に配布した――虎

コレラが流行した江戸の火葬場が棺桶であふれている様子（『安政午秋頃痢流行記』より。京都大学附属図書館所蔵）

狼のように恐ろしい病という意味を込め、コレラに「虎狼痢」の字を当てている―。なお、これを読んだ良順は師ポンペが侮辱されたとして、洪庵に抗議した。洪庵は、『改訂虎狼痢治準』を刊行し、ポンペを傷つけてしまったことを謝罪している。ただし、ポンペの処置に対する疑念と批判に関しては自己の見解を訂正していない。洪庵は大坂でコレラ治療と格闘した。

同じ頃、江戸でのコレラ流行が、佃島などの沿岸地域から始まり、死者は三万から四万人にものぼった。死体は、千住などに放置され、異臭が発生、江戸の医師たちの間では、この臭気に触れた者はコレラに感染するのではないか、との懸念も広がった。

なお、「安政午秋頃痢流行記」（一八五八）という史料には、当時の江戸庶民はコレラを狐憑のような「つきもの」として意識していた様子が出ている。また、宮田登は『終末観の民俗学』（ちくま学術文庫、一九九八）のなかで、当時の人びとが、「虎狼痢」追放の祈禱を行い、大勢集まって獅子舞や神輿などを催し、邪気を払っていたことを紹介している。

コレラは、密集した劣悪な住環境にあり、貧困により免疫機能が低下している都市貧困層を直撃した。一八世紀のヨーロッパにおいて、コレラは不潔・極貧と同義とみなされていた(見市:一九九四)。当時の日本でも同様であったことが推察できる。疫病の罹患には社会的階層性が反映されていたのである。

連続する大規模地震

弘化四年(一八四七)の信州善光寺平(長野県長野市周辺)を震源とし死者八千人を数えた善光寺地震を皮切りに、慶応四年(一八六八)まで、日本全国で地震が連続して発生した(北原他編:二〇一二)。イギリス初代駐日総領事オールコックは、地震が頻繁に発生していることに驚愕している（オールコック:一九六二)。とくに、嘉永七年(一八五四)から安政二年(一八五五)の間に、大規模な地震が集中した。

嘉永七年十一月の安政東海地震の際、伊豆国下田では津波により家屋が破壊され、多くの人命が奪われた。また、下田湾に碇泊していたロシア軍艦ディアナ号が損傷を受けた。

安政二年十月には、江戸で大地震が起こり、武家屋敷から町人の長屋まで大半が倒壊、火事も

地震でダメージを受けた吉原の遊女たちが大ナマズに殴りかかっている錦絵。画面左上には地震で儲けた大工や職人たちが制止する様子が描かれている（『しんよし原大なまづゆらひ』。東京大学地震研究所所蔵）

起こり大惨事となった。被害は死者約四千人、潰家約一万五千軒にものぼった。江戸末期の市井の様子を記録した『藤岡屋日記』には、遊郭があった吉原の惨状が記されている（小池他編：一九八九）。幕府は翌日から、有徳人（商人、地主などの富裕層）の施行を奨励、彼らによる救済活動がはじまった。なお、水戸藩尊王攘夷派の中心で藩政を担った藤田東湖と戸田蓬軒も圧死した。

このように頻出する地震を理解するために、当時、地下にいる巨大な鯰が地震を起こしている、という伝説に基づく鯰絵も流行した。鯰絵の表現は、地震直後では悪意を込めたものであったが、余震が収まり、〝復興特需〟もはじまった十月下旬頃から、世直しを意識したものへと変化していった（富澤：二〇〇四）。江戸大地震は、身分・階層にかかわらず〝平等〟に襲いかかった、と意識した江戸の庶民は、地震が社会的格差を〝ならした〟とみたのである（久留島：二〇一二）。

在地社会での平田国学

天保期（一八三〇～四四）以降、仁政と武威という二つの政治理念が揺らぎ、社会不安が広がっていった（須田：二〇二二）。幕末の在地社会では、在村剣術という即物的な治安対策だけではなく、報徳仕法・性学仕法・平田国学といった社会秩序維持のためのネットワークが形成されていた。

平田国学は信州伊那谷（長野県南部）・木曾谷（同南西部）で盛んになった。幕藩権力が脆弱である両地域において、名主などの村落指導者には、地域秩序維持の責務が担わされていた。一方、この地域は中山道・三州街道（伊那街道）が通る交通の要所であり、人びとの情報・文化への関心が高く、天保期頃から、村役人・豪農層を中心に和歌を詠むという在村文化が形成されていた。嘉永年間（一八四八～五四）に平田篤胤門人の岩崎長世が飯田に滞留したことを契機に、両地域には平田国学が浸透していった。天照大神の子孫が神武天皇であるという国生み神話と、尊王論を明確にした平田国学は、日本という国の主体を「御民」＝百姓であると主張するもので、一君万民論にきわめて近い教えであった。これは、脆弱な幕藩領主に頼らなくても、両地域の百姓＝「御民」が、尊崇すべき天皇に直接繋属し忠義を果たすことによって、在地社会の安寧はもたらされる、という理解につながった。そしてまた、開港以降、横浜貿易により利益を得た両地域の人びとが、外圧への対処のあり方を意識し、平田国学へ傾倒していったのである——両地域からの平田国学入門者は四百人を超えた——。

とくに伊那谷からは、北原稲雄・市岡殷政そして、竹村（松尾）多勢子といった熱心な平田国学者が登場し、血縁関係を基盤に豪農層に平田国学ネットワークを広げていった。文久二年（一八六二）八月、多勢子は尊王攘夷運動が盛んである京都へ旅立った。文久三年三月までの京都滞在中、彼女は長州藩の久坂玄瑞・品川弥二郎、薩摩藩の中村半次郎（のちの桐野利秋）に「勤王ばあさん」として会っている。多勢子は、平田国学のネットワークを利用し、和歌の能力によって、公家たちとコミュニケーションをとることができ——公卿大原重徳にも会っている——、尊王攘夷派に情報を提供していた。

文久三年二月二十二日、京都の等持院にあった尊氏・義詮・義満三代の足利将軍の木像の首が持ち出され、賀茂川の河原にさらされるという等持院事件が起こった。多勢子は、これに関与した師岡節斎ら平田国学者と行動をともにしていたため、幕府の追っ手を意識し京都から脱出、同年、伊那谷に戻っている。

天狗党が通過した在地社会

万延元年（一八六〇）の徳川斉昭死後、水戸藩は中央政局から後退する一方、藩内部の政治闘争が激化した。水戸藩改革派の系譜をひく過激な尊王攘夷派（天狗党）は、文久三年（一八六三）の八月十八日の政変で、尊王攘夷派が京都から一掃されたことに危機感を持ち、元治元年（一八六四）三月、横浜鎖港を実行するため、田丸稲之衛門を総帥とし筑波山に挙兵、これの鎮圧に向かった幕府軍らと、北関東で戦闘を繰り返し、在地社会を恐怖に陥れ、最終的には朝廷に哀願するとして中山道から京都をめざし、伊那・木曾谷地域に迫った。北原稲雄ら平田国学者は、天狗党に三千両の軍資金を支払うことで乱暴狼藉を回避した。また、松尾誠（多勢子の長男）は、尾張藩と衝突を避けるため、清内路峠から木曾谷に入るよう進言した。彼らに助けられた天狗党は、木曾福島の関所を回避し、木曾宿から中津川宿に出ることができた。

伊那谷地域の平田国学者たちは天狗党に献身的に応対した。しかし、彼らのなかから天狗党に参加した者は一人もいなかった。なお、天狗党は伊那・木曾谷地域において、豪農たちから強請・たかりに近い形で金銭を強要していた。

交通の要衝であった伊那・木曾谷地域には、京都や江戸からさまざまな情報が入っている。この地域の平田国学者は、天狗党の行動には畏怖と敬意を払いつつも、同年七月に起こった禁門の変後において、存在意義の失せた天狗党を危険な戦闘集団とみていたのであろう。

ハイパーインフレと世直し騒動

安政五年（一八五八）、幕府は米・英・蘭・露・仏との間に修好通商条約を締結、自由貿易がはじまった。輸出品の中心は繭と生糸であった。貿易商人の居住は、横浜など開港場に設けられた居留地に限定されていたため、日本人がここに商品を持ち込むことによって交易は行われた。たとえば、当時、製糸業が盛んであった上州大間々町（現群馬県みどり市。銅街道の宿場）からは、藤屋善十郎らの商人が横浜に店を構え、大間々周辺の農家で生産した生糸をとりまとめ、貿易商人に売りさばいた。善十郎らは、巨額の富を得、その利潤は在地社会にも回っていった。ただし、その恩恵を得られたのは養蚕・製糸業に関連した地域だけであり、富の偏在が極端になってゆく。大量の生糸が輸出されたことによる生糸価格の上昇は、それを原料としていた絹織物業地域に打撃を与えた。さらに、日常雑貨も横浜に流れ、諸物価上昇がはじまった。

修好通商条約では「外国の諸貨幣は、日本の貨幣と同種類のものは、同じ量目での通用をもとめる」と規定された。当時、海外では銀に対する金の価値が日本の三倍であり、貿易商人はこれを利用し、銀貨を持ち込み、日本の小判と交換して大量の金を持ち出していった。これに対抗するため幕府は万延元年（一八六〇）、金の含有量を三分の一に減らした万延小判を発行した。これによって金貨流出は収束に向かったが、悪貨の鋳造はインフレを招いた。

元治元年（一八六四）、幕府は禁門の変で「朝敵」となった長州藩討伐の出兵を諸藩に命じた（第一次長州戦争）。さらに、慶応二年（一八六六）には、第二次長州戦争がはじまる。このような、政治的混乱と内戦のはじまりは、社会不安を招き、開港前と比べると、米価は約五倍になるほどのハイパーインフレとなっていた（安藤編：一九七五）。

ハイパーインフレが続く、慶応二年六月十四日朝、水田がほとんどない奥武蔵の山間村落、上・下名栗村（現埼玉県飯能市）の百姓たち約三百人が飯能河原に結集、飯能町に駆け上り、米穀を高直（高値）で販売していた堺屋又右衛門などの米穀商を打ちこわした。その後、名栗の百姓たちは帰村したが、騒動は激化し、「世直し」を掲げた人びとは、有徳人や横浜貿易によって利益を得ていた「浜商人」を打ちこわしていった。この武州世直し騒動は、六月十九日までに武州の西南と北方に広がった。最大で十万人余りが騒動に参加したとされている。この間、世直し勢は武器を携行する「悪党」であり、手向かった村は放火され村人は殺害される、という風聞が流れた。六月十六日から十九日にかけて、武州南部の多摩地域では、幕府代官江川英武が組織した農兵銃隊により、北部の中山道周辺では根岸友山の私兵により、また西部では秩父大宮郷の人びとによって、「悪党」とみなされた世直し勢は殺害・捕縛されていった(須田：二〇〇二、須田：二〇一〇)。仁政と武威が崩壊し、領主の無力が露呈されるなか、村を防衛するため民が暴力を行使したのである。

〈主要参考文献〉

見市雅俊『コレラの世界史』晶文社、一九九四
北原糸子他編『日本歴史災害事典』吉川弘文館、二〇一二
ラザフォード・オールコック著、山口光朔訳『大君の都』上、岩波文庫、一九六二
小池章太郎他編『藤岡屋日記』第五巻、三一書房、一九八九
富澤達三『幕末の時事的錦絵とかわら版』文生書院、二〇〇四
久留島浩「鯰絵のなかの『世直し』」国立歴史民俗博物館『鯰絵のイマジネーション』二〇二一
アン・ウォルソール著、菅原和子他訳『たをやめと明治維新』ぺりかん社、二〇〇五
安藤良雄編『近代日本経済史要覧』東京大学出版会、一九七五

◎関連書籍紹介

須田努『「悪党」の一九世紀—民衆運動の変質と〝近代移行期〟』青木書店、二〇〇二
同『幕末の世直し　万人の戦争状態』吉川弘文館、二〇一〇

同『幕末社会』岩波新書、二〇二二
宮田登『終末観の民俗学』ちくま学芸文庫、一九九八
宮地正人『歴史の中の『夜明け前』―平田国学の幕末維新』吉川弘文館、二〇一五

コラム

幕末の語学受容と発展

蘭語学発展の背景にあったロシアやイギリスの脅威

ドイツ人医師クルムスによる解剖学書のオランダ語訳『ターヘル・アナトミア』を漢訳した『解体新書』（一七七四刊）は、江戸蘭学のはじまりとされる。その翻訳グループのリーダー前野良沢（一七二三〜一八〇三）が長崎留学中に学んだのは、日本最初の蘭学塾を開いていた優れた阿蘭陀通詞吉雄耕牛（一七二四〜一八〇〇）であった。しかしこの時代には、蘭和辞典もオランダ語文法書もなく、通詞の作成した単語帳の限られた語彙をもとに、ハルマやマーリンの『蘭仏辞典』の語釈を読み解くしか方法がなかった。

蘭語学は一八世紀末から一八一〇年代にかけて急速に発展した。寛政十年（一七九八）、日本最初の蘭和辞典『波留麻和解』が江戸で出版された。例文はなく、初版はわずか三十部だったが、再版や写本が広まった。オランダ商館長ドゥーフが文化十四年（一八一七）の帰国までに、例文付きの本格的な蘭和辞典『ドゥーフ・ハルマ』をほぼ完成させると、写本は次々に流布していった。通詞中野柳圃（志筑忠雄、一七六〇〜一八〇六）が開拓したオランダ語文法研究は、弟子の馬場佐十郎によって江戸に伝えられ、江戸蘭学の水準を飛躍的に高めた。

こうした蘭語学の発展は、この時期に高まったロシアやイギリスの脅威と密接に関係していた。幕府は国際情勢への対応に迫られ、阿蘭陀通詞を常時交代で江戸や浦賀へ派遣したり、さらには蝦夷へ派遣したりした。文化五年には、阿蘭陀通詞にフランス語・ロシア語・英語の学習、唐通事（中国語の通訳官）に満洲語の学習を命じた。また、文化八年には公的な翻訳機関として江戸天文方に蛮書和解御用を設立した。阿蘭陀通詞は、ロシアやイギリスとの交渉や文書の翻訳、百科事典翻訳など、多言語にわたり広範囲の仕事に駆り出された。通詞から幕府の翻訳官となった馬場佐十郎はとくに激務で、三十六歳の若さで亡くなった（一八二二年）。しかし、オランダ語を除き、この時期の西欧語学習は一時的なものに終わった。

通詞蘭学から英学へ

ペリーの浦賀来航（一八五三年）は海防論の高揚とともに全国に蘭学ブームを巻き起こしたが、長崎海軍伝習所（一八五五〜五九年）は蘭学の最後の光芒となった。すでに安政二年（一八五五）に、幕府から長崎奉行宛てに「英語ができれば通詞でなくとも構わない」という通達が出た。幕府が英学の必要性を痛感していたことがわかる。通詞出身の堀達之助編『英和対訳袖珍辞書』

（一八六二）の刊行は蘭学から英学への政策転換を決定づけた。

唐通事であった何礼之（一八四〇～一九二三）は英語を独学しはじめ、長崎英語伝習所やお雇い外国人に学んで熟達し、長崎および江戸の私塾においてのちに日本を担う多くの若者を育て、岩倉遣欧米使節団（一八七一～七三）にも一等書記官として随行するなど、幕末維新期に活躍した。開港によって各地で商人や宣教師、お雇い外国人などの外国人と一般人とが直接接する機会が増えるとともに、語学に優れたものであればもはや阿蘭陀通詞出身でなくとも即戦力として採用され、幕臣ともなる時代になっていたのである。

〈主要参考文献〉

松田清『洋学の書誌的研究』臨川書店、一九九八
木村直樹『〈通訳〉たちの幕末維新』吉川弘文館、二〇一二
志筑忠雄没後二〇〇年記念国際シンポジウム奥行委員会編『蘭学のフロンティア─志筑忠雄の世界』長崎文献社、二〇〇七

◎関連書籍紹介

ヴォルフガング・ミヒェル、鳥井裕美子、川嶌眞人編『九州の蘭学─越境と交流』思文閣出版、二〇〇九

（益満まを）

第2部

ここまでわかった！
朝廷・幕府・諸勢力

5章

【朝　廷】

幕末の朝廷は、経済的に自立できていたのか？

佐藤雄介

はじめに

幕末に天皇・朝廷の政治的位置が浮上し、京都が政治の中心地になっていくことは、多くの方がご存じであろう。そのような幕末において、「朝廷は経済的に自立していたのか」について論ぜよ、というのが筆者に与えられたテーマである。結論から先に述べれば、「NO」である。とはいっても、幕末の天皇・朝廷の財政がそれ以前とまったく変わらなかったのかといえば、そういうわけでもなかった。

幕末史を考えるうえで、天皇・朝廷の存在が重要であることはいうまでもないが、天皇・朝廷の根幹を規定した財政のあり方に関しては、おそらくほとんど知られていない。では、幕末の天皇・朝廷の財政はいかなるものであったのか、また、そこからみた幕府と天皇・朝廷との関係(=朝幕関係)はどのようなものであったのか。以下、詳述していこう。

幕末以前の天皇・朝廷の財政のあり方

そもそも幕末以前の天皇・朝廷の財政がどのようなものであったのかという点に関して、論じておこう(おもに奥野：一九四四、佐藤：二〇一六)。古代・中世に多くの荘園を所持していた天皇や公家は、応仁の乱・戦国時代を経て、その大半を失い、経済的な面でも非常に弱体化した。そうした危機に瀕していた天皇・朝廷を、自身の政権運営のために支援したのが、織豊政権であり、江戸幕府であった(藤田：二〇一八、山口：二〇一七など)。したがって、必然的に天皇・朝廷の財政は、まったく幕府に頼りきりであった。

まず、天皇・朝廷の財政の根幹をなした料地は、幕府によって設けられたものであった。天皇の料地である禁裏料は三万石、上皇のそれである仙洞料は一万石と定められており、その管理は幕臣(京都代官)に任されていた。各御所には、財政運営を中心に種々の実務を担った口向という部局があったが、そこを実質的に統轄したのは幕臣である付武家であった。口向の役職のうち、実務上級職である賄頭と勘使は、後述する安永の御所騒動以降、禁裏御所の賄頭は勘定所系の幕臣一人によって独占され、勘使も上座の半分を勘定所系の幕臣が占めた。

以上のように、天皇・朝廷の財政の運営・管理は、幕府（幕府役人）に頼る部分が大きかった。これは幕府が天皇・朝廷の財政を統制したという面もあろうが、天皇・朝廷に財政運営・管理を滞りなく行う実力がなかったという側面もあったのではないかと思われる。

恩恵的な取替金から年間予算制度（定高）への変遷

さて、当初、天皇・朝廷の支出は、料地からの年貢などと将軍家・諸大名家・諸寺社などからの献上金品で賄われていたが、徐々に不足するようになった。これに対して幕府は、享保（きょうほう）年間（一七一六〜三六）後半頃から、「御取替金（おとりかえきん）」とよばれる無利子・無年限の非常に恩恵的な貸付金を恒常的に貸与し、収入不足を補ったと考えられる。

この取替金の負債はどんどんと蓄積していったが、前述したように恩恵的なものであり、返済はほぼ求められなかった。しかし、幕府財政悪化とともに、幕府の態度は徐々に厳しくなっていった。やがて、全国的な倹約令などが出された明和（めいわ）八年（一七七一）頃からは、朝廷への取替金にも制限が加えられるようになった。その後、口向役人の不正を幕府が摘発した安永の御所騒動を経て、安永七年（一七七八）度からは、幕府の各役所にはすでに導入されていた定高（さだめだか）とよばれる一種の年間予算制度が朝廷の各御所にも取り入れられることになった。さらに、寛政年間（一七八九〜一八〇一）には、同制度の改正が実施された。

これらによって、禁裏御所の場合、口向定高は銀七百四十五貫目（金一両＝銀六十匁換算〈銀一貫＝千匁〉で、約金一万二千四百十両）、奥定高（奥向への進上金の予算）は金八百両とされた。この口向・奥定高と諸所からの献上金品などが御所の収入となり、その範囲内でのやり繰りが求められるようになったが、御所の造営や大規模かつ重要な神事などの費用は、別に幕府が負担することになっていた。なお、口向定高の財源は料地からの年貢と京都代官預諸渡銀（京都代官が管理していた金銀。天皇・朝廷関係のほか、橋の修復といった京都の一般行政を含む諸々の支出に用いられた。以下、「諸渡銀」と略す）などであり、安政四年（一八五七）の禁裏御所を例にすれば、禁裏料からの年貢が三百六十貫目、諸渡銀が三百四十一貫目であった。

当初は、この改正された定高制を軸とした枠組み内でのやり繰りが機能したが、物価高などを要因とした支出の増大によって、徐々にうまくいかなくなった。それに対して幕府は、諸渡銀などのうちから特別に支援を与え、天皇・朝廷の臨時の要望をかなえることがままあった。

以上が近世後期までを対象とした天皇・朝廷の財政のありさまである。ここまで述べてきたことからおわかりかと思うが、少し前まで巷で広まっていたような「江戸幕府が天皇・朝廷を経済的に弱体化させていた」というような言説は、現在はとられていない。幕府は、天皇・朝廷を自らの全国支配体制のなかに位置づけており、自身の財政状況に規定されつつも、つねに一定水準の財政保証や支援を天皇・朝廷に与えつづけていた。逆にいえば、近世の天皇・朝廷は幕府と一体化しており、天皇・朝廷が存立するには、幕府は必要不可欠な存在であった。天皇・朝廷の財政のありさまは、幕府に依存しており、天皇・朝廷がなにか臨時のことを行おうとしても自前の財源はほとんどもっておらず、幕府から財政支援を引き出すしかなかった。また、賄頭などに幕府勘定役人が任ぜられていたことや幕府の各役所に取り入れられていた定高制が各御所にも導入されていたことなどを考えれば、天皇・朝廷の財政は幕府財政の一部局と化していたともいえる。

文久三年という画期

こうした天皇・朝廷の財政は、幕末にどのように変化したのだろうか（以下、おもに奥田：二〇一二、奥野：一九四四、佐藤：二〇一六）。天皇・朝廷の政治的位置の浮上もあって、幕末において、幕府はたびたび天皇・朝廷に金品を進上した。たとえば、安政元年（一八五四）には、京都大火での禁裏御所などの焼亡につき金一万両が、安政六年には、前年の徳川家茂（いえもち）の将軍就任につき金五千両が進上された（『孝明天皇紀　二・三』）。

このように幕末においては、武家側からの金品の進上が増え、それ以前に比べれば、天皇・朝廷の財政もいくぶんかは豊かになったのではないかと思われる。ただし、財政の根幹たる料地や定高制自体がペリー来航や条約勅許問題で、激変したということはなかった。禁裏料増加や大幅な定高増額のような枠組みそのものを拡張するような施策は、すぐにはなされなかった。時々の進上などは別として、幕府が設定した天皇・朝廷の財政に関する枠組み自体は、幕末初期においてはほとんど変化しなかった。

それでは、枠組みが変わったのがいつかといえば、文久三年（一八六三）頃である。まず、この年に禁裏御所の口向定高が銀百貫目増額された。また、米十五万俵を毎年、朝廷に進上することも決定され、翌元治元年（一八六四）には、この十五万俵を倍増させて三十万俵を進上することが定められた。

さらに、定高の主要な財源のひとつであり、天皇・朝廷の臨時の要望に応えるための手当のひとつであった諸渡銀についても、文久三年分から増大した。幕府財政の諸史料によると、①天保十四年（一八四三）の諸渡銀の額は、金二千三百両・銀千四百八十貫目、②弘化元年（一八四四）は金二千二百両・銀千二百九十貫目、③文久元年は金千九百両・銀千五百貫目、および特別会計分（「右〈「別口」〉渡方」）の諸渡銀が金五万一千五百両・銀二千五百貫目、④文久三年は金六百両・銀八千三百貫目、特別会計分（「別口」）の諸渡銀が金十三万両・銀千百貫目（さらに、諸渡銀ではないが、別に禁裏への進上として、金四万一千六百十九両二分・銀三千三百二十九貫五百六十目）、

⑤元治元年は金八万五千両・銀四千五百貫目となっている（『江戸幕府財政史料集成』）。

ここからわかるように、③文久元年と④文久三年は「別口」、すなわち特別会計分の諸渡銀が存在した。幕末には時々の臨時の進上が行われていたと先述したが、文久元・三年は諸渡銀も特別会計分が設けられていた（あるいは特別会計分の一部が臨時の進上に充てられていたのかもしれない）。ただし、それはあくまで「別口」であり、通常分に限れば、③文久元年においても、①天保十四年や②弘化元年とほぼ同じ額であった。ところが、④文久三年には、通常分自体が大幅に増大している。もちろん、幕末においては物価の上昇がはなはだしかったので、額面ほどの変化はないが、それを差し引いても、諸渡銀の通常分が文久三年に大きく増加していることに間違いはない（大坂にもっとも供給されていた筑前米に換算すると、文久三年の通常分は、弘化元年の二・七倍となる。なお、特別会計分を合わせると、六・五倍となる）。

このように文久三年には、口向定高の銀百貫目増額、米十五万俵の増献、諸渡銀の大幅な増額といった天皇・朝廷の財政の枠組みを大きく拡張させるような諸々の施策がなされていた。この前年の文久二年には、薩摩から島津久光が率兵上京し、朝廷に意見書を提出していた。その結果、朝廷は久光を随行させるかたちで勅使大原重徳を江戸に派遣し、幕政改革を要求、その結果、一橋慶喜の将軍後見職、松平春嶽の政事総裁職就任、参勤交代制の緩和などを内容とした文久の幕政改革が行われるという事件が起きていた。

本章と関連するところでいえば、この頃には、江戸城における勅使応接など朝幕間の諸儀礼や諸制度も、より天皇・朝廷を重んじるかたちに変更され、将軍徳川家茂の上洛もなされていた。当時の幕府にとって、天皇・朝廷との関係強化はきわめて重要な政治課題であり、そのための施策が種々実施されていたことが、箱石大などによって指摘されている（箱石：一九九六など）。これまで述べてきたような天皇・朝廷の財政の枠組みを大きく拡張させるような動きも、基本的には、そうした流れに則（のっと）ったものであったと考えられる。

おわりに

以上、幕末の天皇・朝廷の財政について述べてきた。ペリー来航や条約勅許問題によって、天皇・朝廷の政治的位置が急激に浮上したことは周知の事実である。しかし、その一方で、幕府が設定した天皇・朝廷の財政の枠組みそのものを大きく拡張させるような変化はなかった。それがみられるのは文久三年（一八六三）頃であり、禁裏御所の口向定高や諸渡銀の大幅な増額などが行われた。この時期、幕府は政治上の問題から、天皇・朝廷との関係をとくに深めようとしていたが、それはこれまで手をつけてこなかった定高制や諸渡銀などの根本的な枠組みの部分をも大きく拡げざるをえないほどのものだったのである。財政面から朝幕関係を考えた場合、とくに画期的な変化がみられるのは、この頃である。

ただし、ここで留意したいのは、天皇・朝廷の財政が幕府に頼りきりという構図そのものは変わっていないことである。文久三年以後も、元治元年に米三十万俵の増献、慶応(けいおう)三年（一八六七）には、山城(やましろ)国一国増献が決定されるなどの施策がなされた。しかし、これらは幕府財政の問題や幕末政治の流れのなかで、いずれも実現されなかったことが奥田晴樹などによって指摘されている（奥田：二〇一二）。また、仮に実現されたとしても、天皇・朝廷の財政が幕府に依存するというかたち自体に変化はなかったと思われる。

前述したように、近世の天皇・朝廷は幕府と一体化していたのであり、天皇・朝廷は財政の面でも幕府に依存していた。それがゆえに、孝明天皇も最後まで倒幕などということは考えなかったというのが現在の一般的な理解ではなかろうか。

ただし、江戸時代の天皇・朝廷の財政に関する研究は少なく、とくに幕末のそれに関する蓄積は薄い。山城国一国増献などに関しては不明な点が多く、さらなる検討を要する。また、御所の財政だけでなく、公家の家の財政についても研究が必要である。紙幅の関係上、詳細は述べられないが、金融活動を行う公家や、支度金捻出に苦心して、自らの娘を宮中に仕えさせることを忌避する公家の姿（三条実美(さんじょうさねとみ)の父である実万(さねつむ)によると、それが皇位継承問題に関係したという）などが明らかにされている（佐藤：二〇一六・二〇一九）。今後、より詳細に検討すべき課題であろう。

〈主要参考文献〉

奥田晴樹「幕末の禁裏御料と山城国一国増献問題」（『立正大学　文学部論叢』一三四、二〇一二）

奥野高廣『皇室御経済史の研究　後篇』中央公論社、一九四四

佐藤雄介『近世の朝廷財政と江戸幕府』東京大学出版会、二〇一六

同「近世後期の公家社会と金融」（『日本史研究』六七九、二〇一九）

田中彰『幕末維新史の研究』吉川弘文館、一九九六

箱石大「公武合体による朝幕関係の再編」（山本博文編『新しい近世史1　国家と秩序』新人物往来社、一九九六）

藤田覚『江戸時代の天皇』（天皇の歴史6）、講談社学術文庫、二〇一八

山口和夫『近世日本政治史と朝廷』吉川弘文館、二〇一七

◎関連書籍紹介

佐藤雄介「財政から考える江戸幕府と天皇」（東京大学史料編纂所編『日本史の森をゆく――史料が語るとっておきの42話』中公新書、二〇一四）

藤田覚『江戸時代の天皇』（天皇の歴史6）、講談社学術文庫、二〇一八

箱石大「公武合体による朝幕関係の再編」（山本博文編『新しい近世史1　国家と秩序』新人物往来社、一九九六）

6章

【幕　府】

開国後、諸大名との関係はどうなったのか？

藤田英昭

「外様」でもなれた老中

ここでは、幕末期そのものだけではなく、前史を意識しながら、幕末期の幕府の状況をみていく。なかでも国持（くにもち）大名との関係変化に注目し、本来幕政に関与しなかった国持大名が幕府を〝支え〟、幕府・将軍も彼らに依存していた実態を紹介してみたい。

徳川幕府の政治は、将軍の命が絶対である。ただし、歴代将軍のすべてがリーダーシップを発揮したわけではなく、基本的には老中（ろうじゅう）が決定したことを将軍が追認し、それを老中が奉行らに達することで政務が遂行されていた。幕政の要は、まさに老中たちであった。

老中職に就いたのは、原則として石高（こくだか）三万石以上の「城主」であった。江戸城に登城した際、ほとんどが雁間や帝鑑間を殿席（伺候席）とした譜代大名である。

ただし、例外がなかったわけではない。たとえば、元治元年（一八六四）に老中となった松前藩主の松前崇広である。松前藩は柳間席の外様大名であった。外様が老中になるのは珍しいが、必ずしも特異な現象とはいえない。というのも、柳間の外様大名は、譜代大名とともに徳川に従属した「臣下」であったからである。柳間席から奏者番や若年寄に就く例もみられたし、勅使饗応役を務めたのも柳間席大名であった。彼らは外様とはいっても、幕府勤役に従事する家筋なのである。譜代・外様は、「臣下」内での区分けにすぎない。

将軍と国持大名

しかし、幕末期に「外藩」とされた国持大名は、まったく性格が異なっていた。国持大名は、かつての豊臣政権下において徳川と同輩であった者たちである。江戸初期には「国主」とも称された。彼らの領地は、国郡制下の一国一円や、それに近い規模を誇っていた。

江戸中期以降は、前田（加賀・越中・能登）、島津（薩摩・大隅）、黒田（筑前）、浅野（安芸）、毛利（周防・長門）、池田（因幡・伯耆）、池田（備前）、蜂須賀（阿波・淡路）、山内（土佐）、伊達（陸奥仙台）、細川（肥後熊本）、鍋島（肥前佐賀）、藤堂（伊賀）、松平（越前）、有馬（筑後久留米）、佐竹

（出羽秋田）、松平（出雲・隠岐）、上杉（出羽米沢）の面々が該当し、「国持十八家」と称された（一部、徳川家門も含む）。彼らを「外様」とするのが一般的だが、史料的には正しくない。

彼らは、徳川の「臣下」である譜代・外様が属した徳川の領国とは別の「国」の主で（松尾：二〇一九）、徳川がその領地に介入することは原則的になかった（笠谷：一九七八）。幕藩制下では、御三家とともに「客分」として遇され、幕府役職に就くこともない。ただし、江戸初期においては、領主間の紛争処理にあたって、徳川が「国主」らに解決方法を相談する例もみられた（松尾：二〇一九）。徳川にとって「国主」は、気を遣う存在であったことがわかる。

こうした「国主」に対し、徳川将軍は、武家諸法度で統制する一方、松平の称号や諱（実名）の一字を与え、婚姻関係を結ぶなどして、緊張関係を緩和してきた。戦乱の記憶が薄れ、徳川の治世が安定化すると、彼らは国持大名としての格式を有し、官位や将軍との親疎関係に基づいて序列化されていった。殿席制のもとでは、江戸城の大広間に席を与えられた。将軍が居住する「奥」からもっとも遠い席である。徳川将軍を頂点とする政治秩序に包摂された彼らは、「平和」な儀礼社会のなかで、官位昇進・家格上昇に奔走していった（深井：二〇〇八）。

国持大名の役割

儀礼社会でのあり方に変更を迫るきっかけとなったのが、嘉永六年（一八五三）のペリー来航であった。周知のとおり、老中阿部正弘は、「臣下」（譜代・外様）だけではなく、一門・国持を含む全大名に対外方針を諮問した。もっとも、すべての意見を盛り込み、全員を納得させる結論を出すことは難しい。

御三家水戸藩を中心とした徳川一門は、大名に対する将軍の「武威」を重視し、対外強硬論（攘夷論）を展開した。彼らは、「征夷大将軍」が攘夷を選択しなければ、徳川の「武威」は失墜し、国持大名に示しがつかないと認識していた。状況しだいで、朝廷から将軍職を剝奪され、かつての同輩である国持大名に委譲されかねないと危惧していた。だからこそ、将軍は朝廷の求める「鎖国」を堅持すべきだと、彼らは主張するのである。徳川一門が「尊王」を声高に叫ぶとき、徳川大事を背景にもっていたことを見すごすべきではない。ある意味で、国持大名を強く意識した議論であった。

しかし、幕府は一門の意見を採用せず、現実路線としての「開国」に踏みきった。徳川の意思は分裂し、大老井伊直弼は反対者を処罰した。安政の大獄（一八五八〜五九年）である。水戸への処分は苛烈を極め、桜田門外の変（一八六〇年）に帰結する。注目したいのは、襲撃者の水戸浪士が書いた斬奸趣意書である。それには、「公辺の御政事」を「正道」に復すには、「御家門方」が将軍家を補佐し、内政を修めること、「有名の諸侯」が「一意忠力」を尽くして（将軍に忠義を尽くして）、武備の充実を図ること、この二点が重要だとしていた（吉田・佐藤：一九七六）。

ここでいう「御家門方」は、尾張・水戸・一橋・越前・阿波・因幡のこと。阿波と因幡は、本来国持だが、ここでは「御家門方」とされている。なぜなら、阿波は十一代将軍徳川家斉の息子蜂須賀斉裕が、因幡は水戸斉昭の五男池田慶徳が当主であったからである。「有名の諸侯」は、薩摩・仙台・福岡・佐賀・長州・土佐・宇和島（伊予）・柳川（筑後）といった国持大名（宇和島・柳川は国持並）である。水戸浪士たちは、攘夷を実行するうえでは、将軍のもとに国持の軍事力を結集することが不可欠だと認識していたのである。

参勤緩和という〝改悪〟

幕府が「開国」を選択したことは、徳川家内の意思不一致を露呈させただけではなく、近世における公の権力を構成していた朝廷と幕府との意思分裂を引き起こした（青山：二〇一二）。朝幕の意思を統一すべく動き出したのが国持大名たちであった。国事周旋である。武備充実以外にも、彼らの役割がひとつ増えた格好である。

幕府と国持大名との関係を大きく変える画期となったのが、文久二年（一八六二）閏八月の参勤交代制の緩和であった（高木：二〇〇九）。これにより、全大名は三年に一度の参府となり、在府は一年または百日とされた。

かつて享保七年（一七二二）に、幕府は上米令（財政難のため、諸大名に対し毎年石高一万石につき百石の米を差し出させた政策）と関連づけて、諸大名の参勤を緩和したことがあった。この時、儒者の室鳩巣は、大名の参勤を「御威光の験（あかし）」と捉え、それを緩和すれば、大名は「在国の処を重く存ずべく候、…行く行く天下の弱みにも罷り成るべく候」と、改変に危惧の念を抱いた。荻生徂徠もまた、参勤交代制を「乱を制するひかえ綱（柱が倒れないよう引っ張っておく綱）」と位置づけ、改変に批判的であった（松尾：一九八九）。

およそ百四十年後、攘夷を企図した富国強兵がめざされていたとはいえ、幕府が大名統制の根幹に手を加えたことで、国持大名は割拠し、国内は「乱」れた。結果的に、幕府は自分で自分の首を絞めたことになる（久住：二〇一八）。享保期には、八年後に参勤交代制を旧に復せたが、文久期の改変は元に戻せず、徳川の「御威光」は失墜し、六年後、幕府は瓦解した。儒者の先見、恐るべしである。

国持大名を「奥」に招く

参勤緩和令においては、幕府が大名の意見を聞く姿勢を打ち出していたことも、画期的であった。こうした方針は、若き十四代将軍徳川家茂の意向であり（久住：二〇〇九）、家茂は、幕府重視の政治を一新しようとする政事総裁職松平春嶽の影響を受けていた。

すでに家茂は、文久二年六月朔日、御三家・国持を含む諸大名に登城を命じ、「政事向格外変革」の思いを伝え、「心付の儀ハ申聞へく（気づいたことは申し出るように）」と述べていた（徳川記念財団：二〇〇七）。次いで、阿波の蜂須賀斉裕（同月十七日）、土佐の山内容堂（八月十五日・閏八月五日）、加賀の前田斉泰（閏八月十五日）、佐賀の鍋島閑叟（文久三年正月七日）ら隠居を含む国持大名を引見し、政治意見を言上するよう直接依頼していった（徳川宗家文書「御意之振」）。しかも、彼らを将軍の「奥」の応接間である「御座間御下段」に招き入れての要望である。

「奥」は将軍の私的空間である。原則として、御座間で将軍に謁見できたのは、幕閣以外では大廊下席（御三家・前田家）や溜詰の大名（井伊・会津松平・高松松平など）だけで、彼らも参勤交代時の御礼に限られていた（深井：二〇二一）。国持大名を「奥」に招くことは、将軍との距離を縮める意味で、儀礼社会では破格の待遇であった。さらに家茂は、国事周旋のために参府した因幡の池田慶徳（文久二年十二月朔日）、長州世子の毛利定広（同二日）、筑前の黒田斉溥（同九日）らも「御座間御下段」へと招き入れて、「周旋太儀」という上意を発している。幕末期は、将軍が「外藩」である国持大名の〝支え〟を求めるなど、へりくだる時代でもあったのである。

国持大名への依存

国持大名の〝支え〟といえば、彼らが幕府「御用」にもかかわる事例があったことにも注目したい。たとえば、土佐隠居の山内容堂である。容堂は、井伊政権下で謹慎に処せられていたが（幕府が国持を処罰するのも異例）、文久二年（一八六二）四月に解除され、盟友の松平春嶽の強い推薦もあったのであろう、隠居であることもあずかって、十月に、「御用」の際は「御用談所」（黒書院囲炉裏之間）へ入ることを許された。すでに、「僕の愚考御用に相決し…感激」と、幕府内で意見が採用されたことを春嶽宛書状（閏八月二十九日付）で喜んでいた容堂は、その後、大目付や外国奉行の人事にも関係するようになった（『容堂公遺翰（上）』）。これらをふまえて、十二月には、国持としては破格の拝借金一万両を幕府から貸与されたのである。

人事に関しては、文久二年十二月十八日、蜂須賀斉裕が陸軍総裁（海軍兼帯）に就いたことも注目できる。ただし、これは斉裕が「御家門」という立場にあったことを考慮する必要もあろう。

阿波は国持であるだけに、武備充実の役割が職に反映されたともみなせる。家門と国持とを併せもった斉裕に対する絶妙な人事であったように思う。

さらに、文久三年の将軍上洛中も、幕府が国持大名に依存する現象もみられた。たとえば、将軍の早期帰府を求める際においてである。おりしも、江戸では生麦(なまむぎ)事件の処理をめぐって、留守幕閣が英国との対応に追われ、将軍の早急帰府を求めていた。在京幕閣もそれに応えようとしていたが、徳川一門の尾張・会津(あいづ)らが朝幕一致の観点から反対し、朝廷も将軍の帰府を許可しなかった。そのため三月二十三日、将軍家茂が仙台の伊達慶邦(よしくに)と米沢の上杉斉憲(なりのり)に対して、「当時江戸表誠にせつはく(切迫)致したに付、帰城いたし指揮致度存すれとも、度々(たびたび)御所より御留ニ付、しいて(強いて)申立も不都合故、そちらの周旋にて首尾よく御暇(おいとま)の出るやうに何分骨折をたのむ」(「御意之振」)と、早期帰府が実現するよう、朝廷への周旋を懇願していったのである。もはや、譜代大名中心の老中だけでは、朝廷を動かせない。文久以降、幕府は東国の国持大名への依存度を高めていくのである(奈良：二〇一八)。

江戸初期への回帰

将軍家茂は、文久改革にあたって、幕府内で以下のように宣言していた。「外国交際のためには、

「武威」を示すことが重要だ。そのためには簡易の制度・質直の士風に復古しなければならない」。復古の目標は、寛永(一六二四~四四年)以前である。これを受けて儀礼・服装が簡素化された。参勤交代制というタガが外れ、国持大名は徳川と同輩という本来の姿を取り戻しつつあった。極論すれば、政治構造は江戸初期以前の豊臣政権下に戻った感もある。

幕府はこうした状況になることを想定していたのだろうか。しかも、若年の将軍に対し、国持大名の多くは三十歳代後半から五十歳代の壮年である。隠居している者も少なくない。家茂が国持大名を頼りにし、誠実・謙虚であろうとすればするほど、将軍権威の低下は著しかった。

もとより、すべての国持大名が徳川と張り合ったわけではない。徳川家康との由緒から山内・黒田・細川らは親徳川的立場で行動し、他方、関ヶ原で敵対した毛利や島津は、結果的に徳川との対立が再現する格好となった。

国持大名が割拠するなか、幕府内では徳川慶喜らを中心に、生き残りを懸けて朝廷に接近し、結合しようとする動きもみられた。もとより幕府一枚岩の行動ではない。ここにはもはや、往事の幕府の姿はなかった。

〈主要参考文献〉（掲出順）

松尾美恵子「徳川政権の「国分」と国主・城主・領主」（幕藩研究会編『論集 近世国家と幕府・藩』岩田書院、二〇一九）
笠谷和比古「幕藩制下に於る大名領有権の不可侵性について」（『日本史研究』一八七号、一九七八）
深井雅海『江戸城―本丸御殿と幕府政治』中公新書、二〇〇八
吉田常吉、佐藤誠三郎校注『幕末政治論集』（日本思想大系56）、岩波書店、一九七六
青山忠正『明治維新』（日本近世の歴史6）、吉川弘文館、二〇一二
高木不二『日本近世社会と明治維新』有志舎、二〇〇九
松尾美恵子「享保の時代」（林英夫編『古文書の語る日本史7 江戸後期』筑摩書房、一九八九）
久住真也「幕府はどうして倒れたのか？」（山口輝臣編『はじめての明治史』ちくまプリマー新書、二〇一八）
同『幕末の将軍』講談社選書メチエ、二〇〇九
徳川記念財団編集・発行『徳川家茂とその時代―若き将軍の生涯』二〇〇七
深井雅海『江戸城御殿の構造と儀礼の研究―空間に示される権威と秩序』吉川弘文館、二〇二一
奈良勝司『明治維新をとらえなおす―非「国民」的アプローチから再考する』有志舎、二〇一八

◎関連書籍紹介

高橋富雄『征夷大将軍』中公新書、一九八七

6章 【幕　府】
開国後、諸大名との関係はどうなったのか?

久住真也『幕末の将軍』講談社選書メチエ、二〇〇九

三谷博『維新史再考—公儀・王政から集権・脱身分化へ』NHKブックス、二〇一七

松浦玲『徳川の幕末—人材と政局』筑摩選書、二〇二〇

家近良樹『酔鯨 山内容堂の軌跡—土佐から見た幕末史』講談社現代新書、二〇二一

7章

【一会桑勢力】

畿内における幕府の統制力はどうだったのか？

篠﨑佑太

一会桑とはなにか

一会桑という高等学校の教科書にもほとんど出てこない聞きなれない言葉。疑問符を抱きながら、この項を開いた方も多いだろう。あるいは、新選組や京都見廻組をめぐる近年の研究や著作のなかで耳にした人がいるかもしれない。一会桑とは、禁裏守衛総督摂海防禦指揮に任じられた一橋徳川家当主の徳川慶喜、京都守護職を務めた会津藩、京都所司代に任じられた桑名藩の三者から成る政治勢力であり、頭文字を取って一会桑と通称されている。三者がそれぞれの役職に就任（再任）した元治元年（一八六四）三月・四月頃から、徳川慶喜が征夷大将軍に任じられる慶応二年（一八六六）十二月頃までがおもな活動時期である。

本章では、一会桑をめぐる研究成果に基づき、その活動の概要と、朝廷や江戸の幕閣らとの関係を確認する。さらに、研究のなかでの評価の移り変わりを整理し、残された課題を展望していこう。

「公武合体」の実現に向けた模索

嘉永六年（一八五三）のペリー来航後、幕府による無勅許での条約調印や大老井伊直弼による安政の大獄（一八五八～五九年）によって、朝廷と幕府の関係は悪化の一途をたどっていた。文久期（一八六一～六四）以降、こうした関係を改善すべく幕府が主体となり、時には諸藩が仲介して朝廷と幕府の歩み寄りが模索された。この政策を「公武合体」策といい、従来幕府の専権で決定されていた国家の方針（国是）を、朝廷や諸藩を加えてどのように意思決定するのか、その模索でもあった。

「公武合体」をめぐっては、孝明天皇の妹である和宮の十四代将軍徳川家茂への降嫁などさまざまな政策が採用された。ことに政治の意思決定については、京都の天皇・朝廷と、江戸の将軍・幕府の間での意思疎通が重要であり、この間を媒介する「かすがい」が必要であった。この「かすがい」を制度化すべく早くに期待されたのが参予会議である。

文久三年（一八六三）十二月から翌年一月にかけて、徳川慶喜や薩摩藩の島津久光、福井藩の松平慶永らが朝廷から朝議参予に任じられた。彼らの喫緊の課題は、前年の八月十八日の政変後、京都を脱出した三条実美ら七卿の処分と、横浜鎖港の実施である。元治元年（一八六四）一月に家茂が上洛すると、孝明天皇は二度にわたって宸翰（天皇自筆の文書）を下し、無謀な攘夷を好まない旨を伝え、幕府には参予らと協力して政治を進めるよう求めた。しかし、徳川慶喜は宸翰の作成過程などから薩摩藩への警戒心を募らせ、同年三月以降、参予会議を解体に追い込み、参予たちは順次解任され国許へと帰っていった。

「公武合体」を攘夷対佐幕、あるいは薩長対幕府のような二項対立の図式で捉え、参予会議瓦解後の幕末政治史を「公武合体」策の失敗から薩長による倒幕へつながるという流れで認識することは過去のものである。近年は、孝明天皇と結ぶ一会桑と、「公議」を求める薩摩藩や福井藩などという二つの「公武合体」路線の対立として描き出されている。一方、「公武合体」にも「攘夷」や「尊王」などさまざまな標語があり、一括りにすることでかえって本質を見誤る可能性があり、研究視点として留意が必要であることも指摘されている。

一会桑の登場と江戸の幕閣

参予会議が瓦解した元治元年（一八六四）三月、徳川慶喜は禁裏守衛総督摂海防御指揮に任じられた。同四月には会津藩主松平容保が京都守護職に再任、容保の実弟で桑名藩主の松平定敬は、本来、奏者番や寺社奉行などの役職を経て任じられる京都所司代に異例の抜擢をされ、一会桑が政治の舞台に登場した。参予会議が瓦解し、将軍徳川家茂が江戸へ帰った後の京都において、彼らが朝廷と幕府の「かすがい」として期待される。

ただし、一会桑は当初から一体性をもって政務に臨んでいたわけではない。むしろ、松平容保は、前年の八月十八日の政変で京都から追放された長州藩の処分に対して寛大な態度をとる徳川慶喜に不信を抱いていたという。しかし、元治元年七月の禁門の変において朝廷内の長州派の公卿らが一掃され、同じ月に長州追討の勅命が出されると、容保の慶喜への不信が払拭され一体性が生まれた。一会桑は禁門の変後に反長州の立場をとった朝廷、とくに関白の二条斉敬や朝彦親王（中川宮、賀陽宮）と結びつきを強め、幕府の威信を回復すべく、将軍上洛と長州処分の早期実行を江戸へ要請していく。

一方、江戸の幕閣は九月、幕府文久改革によって緩和されていた参勤交代制を復旧させるなど、改革への反動から将軍権威、幕府権力の拡大を企図した政策（文久改革以前への復古）を採っていた。このため、文久改革を契機として台頭し、京都において朝廷と結びつく一会桑をも敵視するようになる。

この状況が打開されるのは、慶応元年（一八六五）三月から四月にかけてである。江戸の幕閣が方針を転換した一因には、将軍上洛に反対するいわゆる「復古派」老中の罷免がある。老中の阿部正外や松前崇広は、大老酒井忠績らの支持も得て、「復古派」の老中諏訪忠誠らを免職に追い込む。そして、諏訪が罷免された同日に将軍徳川家茂自身が五月に「進発」する触が出された。これにともない幕閣らの一会桑への疑念、とくに京都守護職松平容保と幕閣との関係は氷解していった。このように、一会桑は、幕府の統制から自由ではありえなかったが、江戸の幕閣の代弁者として完全に同化するものでもなかったのである。

一会桑の権勢とその終焉

将軍上洛を実現した一会桑は、孝明天皇や朝廷からも信頼を深め、朝廷内での支配的位置を築いていった。さらに、将軍徳川家茂が上洛する直前には、武家に関する評議はすべて一会桑と打ち合わせて決定することが定められた。その一例として、一会桑の意見で将軍の滞京が滞坂に切

将軍家茂上洛時に撮影されたとされる大坂城。家茂の大坂城入りの背景に一会桑勢力が大きくかかわった(「幕末大坂城湿板写真原版 本丸東側諸櫓」。大阪城天守閣所蔵)

り替えられており、一会桑が朝廷を掌握していったことがうかがえる。慶応元年(一八六五)九月には、兵庫沖に艦隊を進めた英仏米蘭から兵庫開港・条約勅許などの要求があり、交渉の過程で老中の阿部正外と松前崇広が朝廷より罷免を命じられ、幕府もそれに従った。あわせて家茂が将軍職を辞退し、徳川慶喜への政務委譲を願い、江戸へ帰るという事件が起こる。

これに対し一会桑は、伏見で帰府する家茂を待ち受けて説得のうえ翻意させ、さらに慶喜のなかば強引な朝廷への説得により、兵庫を除く箱館・横浜・長崎三港の開港について勅許を得る。将軍の上洛・滞坂の実現と、この条約勅許の獲得が一会桑の大きな政治成果であるといえよう。その後、幕府から十月には松平容保が政治相談役を、慶喜が政務補翼を相次いで命じられる。名実ともに朝廷と幕府の間（公武）の「かすがい」として認識され、権勢の絶頂を迎えたといえるだろう。

しかし、慶応二年（一八六六）になるとその権勢にも陰りがみえてくる。転換点は、同年七月の将軍家茂の死去である。これにより、徳川宗家と将軍職の後継問題が浮上する。結果的には、同年八月に慶喜が宗家を相続し、十二月に将軍職に任じられた。慶喜の将軍就任により、朝廷と幕府を結ぶ「かすがい」であった一会桑は消滅し、両者は直接結びつくようになる。

他方、慶応二年八月の段階ですでに一会桑は崩壊していたという見方がある。背景にあるのは慶喜による長州への出陣中止表明である。京都所司代の松平定敬は慶喜の方針転換に同意したものの、会津藩は家臣団からの反発が強く慶喜への疑惑を深め、一桑と会との分裂が決定的になったという。人事にともない自然消滅したのか、あるいは政策方針の相違により内部から崩壊したのか、この点が一会桑の終焉をめぐる論点となっている。

一会桑をめぐる研究史

一会桑は、元治元年（一八六四）四月以降、慶応二年（一八六六）の八月あるいは十二月まで存在し、将軍家茂の進発や条約勅許の獲得を実現するなどたしかに朝廷と幕府へ影響力をもった「かすがい」であった。では、彼らは歴史研究のなかで、どのような評価を受けてきたのだろうか。研究史をひもときながら、その評価の変遷を追っていこう。

戦後の歴史学のなかで、いち早く一会桑に着目したのは井上勲である。井上は彼らを「『一会桑』政権」とし、具体的な分析までは至らないものの、元治元年から徳川慶喜政権成立に至るまで幕府勢力を代表する役割を果たしたと評している(井上:一九六八)。

その後、長く研究対象として注目されなかったが、一九八〇年代に入り一会桑に言及する研究が顕著となる。宮地正人は「一会桑政権」を幕府から完全に自立したもので、朝幕政権を媒介する存在であったとする。さらに、徳川慶喜の禁裏守衛総督摂海防禦指揮の就任後、京都・畿内全域の軍事指揮権を掌握し、京都守護職とその軍事力は慶喜の指揮下に入ったとする(宮地:一九八一)。

続く原口清は、「一会桑権力」は政治の中心地京都における一軍事権力であるが、それ自体独自の政権ではないとし、「政権」と評価した井上や宮地とは異なる説を唱えている。さらに、「一会桑権力」は将軍不在の京都において将軍名代としての一面を保持しつつ朝幕間の結合の媒介となり、雄藩大名勢力を可能なかぎり朝廷から遠ざけ、京摂地帯の軍事的制圧を自己の手で成し遂げる意図があったとする。幕府から自立した存在とした宮地の説とは異なり、将軍名代としての性格に言及し軍事力を背景とした権力と評している点が特徴的である（原口：二〇〇七、初出一九八七）。

そして、一九九〇年代に入ると家近良樹によって一会桑を全面的に取りあげた研究が進められる。家近は従来の一会桑研究が徳川慶喜の視点に偏重していることを指摘し、同時期に京都守護職として絶大な権力を振るっていた松平容保と会津藩に注目した。容保の動静だけではなく会津藩公用方（こうようがた）という、容保を支えた組織に注目することで、従来の西南雄藩を中心とした幕末政治史研究に新視点を提示している。

とくに「一会桑権力」の性格と構造を明らかにし、幕末期の政治構造が朝廷・幕府・諸藩という三者の構造では捉えきれないことを指摘した点に独自性がある。また、宮地の述べた京都守護職とその軍事力が徳川慶喜の指揮下に入るという指摘を否定した。一会桑のもっとも基本的な性格である朝幕間を結合させる媒介としての役割を一貫して果たしていたのは、松平容保と会津藩公用方であり、幕府擁護のため公武合体的立場を貫徹したことを明らかにするなど、従来の説をふまえ研究を大きく進展させた。なお、家近は、当初「一会桑権力」としたが、のちに「一会桑政権もしくは一会桑勢力という言葉に置き換えたい」と述べている（家近：一九九五）。

一会桑の評価と課題――政権か、権力か、勢力か

ここまで読んでお気づきの方も多いと思うが、一会桑は「政権」「権力」「勢力」など、研究の深化とともにその評価や位置づけが移り変わっている。

「政権」「権力」と表する場合、そこに必要となることは「権威」である。泰平を迎えた近世中期以降、将軍権威の発動は将軍への御目見(おめみえ)など各種の儀礼のなかに集約されてきた。そのうえで一会桑の動静をみると、御所へ参内、あるいは将軍のいる二条城や大坂城へ登城することはあるものの、一会桑自体が上位の権威として儀礼が整えられてはいない。また、一会桑は軍事力を背景とした政権・権力だとする見方もある。しかし、当該期において軍事力を発動する機会は禁門の変など限られており、なにより慶喜の指揮下として一会桑の軍事力を一体化してみることは家近によって否定されている。これらをふまえると、近年は「一会桑勢力」として、幕末期の畿内における政治勢力と評価することが共通の理解を得ているといえるだろう。

最後に、一会桑をめぐる研究について展望しよう。一会桑の政治的評価をめぐってはすでにみたとおり大部な蓄積がある。では、近年研究が蓄積されている幕末期の畿内社会において彼らはいかに位置づくのか、あるいは一会桑内部の力関係はいかなるものであったのか。

この点を考えるうえで、家近の「一会桑とは、一橋慶喜、会津藩、桑名藩の頭文字をそれぞれとってネーミングしたものである」という指摘に注目したい（家近：二〇一四）。彼らを政治勢力としてみたとき、慶喜は個人であるのに対し、会津藩と桑名藩は藩であり結合のレベルが合致していないことに気がつく。近世史の成果をふまえれば、大名家をめぐる基本的な政治単位は個人でも藩でもなく「御家」となるはずである。

幕末期を近世の最末期と捉えたとき、こうした近世の慣習をふまえた社会の面から一会桑を考える視点も重要だろう。近世史の研究成果をふまえながら見通すことが、一会桑のみならず幕末維新史研究全体の活性化、普遍化にもつながるのではないかと考えている。

〈主要参考文献〉

井上勲「将軍空位時代の政治史―明治維新政治史研究」（『史学雑誌』第七十七編十一号、一九六八）
宮地正人『天皇制の政治史的研究』校倉書房、一九八一
原口清「近代天皇制成立の政治的背景―幕末中央政局の基本的動向に関する一考察」（『原口清著作集1　幕末中央政局の動向』岩田書院、二〇〇七。初出一九八七）
家近良樹『幕末政治と倒幕運動』吉川弘文館、一九九五
同『江戸幕府崩壊―孝明天皇と「一会桑」』講談社学術文庫、二〇一四。初出二〇〇二

久住真也『長州戦争と徳川将軍―幕末期畿内の政治空間』岩田書院、二〇〇五

◎関連書籍紹介

久住真也『幕末の将軍』講談社選書メチエ、二〇〇九
家近良樹『徳川慶喜』(人物叢書)、吉川弘文館、二〇一四
同『江戸幕府崩壊―孝明天皇と「一会桑」』講談社学術文庫、二〇一四。初出二〇〇二

8章

【薩摩藩】

幕末の財政改革・経済再建は成功していたのか？

福元啓介

はじめに

幕末薩摩の財政とはどのようなものだったのか。多くの人が興味を抱きながら、いまなお謎につつまれたテーマである。

一般的には、幕末の薩摩藩主として有名な島津斉彬が嘉永四年（一八五一）に藩主となる以前、天保年間（一八三〇～四四）に行われた藩財政改革に、幕末薩摩藩の経済的基礎を求める見方が主流である。これは斉彬の父・斉興とその腹心であった調所広郷（笑左衛門。一七七六～一八四八）が行ったものである。改革の成功によって生まれた財政的な余裕があればこそ、続く斉彬は、巨額の費用を投じた近代化事業を推進できたし、その後の薩摩藩が雄藩へと飛躍する原動力ともなった……このような理解が通説といえよう。

これらは説得力のあるストーリーであり、大筋では妥当なものである。しかし、肝心の島津斉彬による藩財政運営の実態はおろか、前提である調所の改革についても、じつはいまなお不明点が多い。なぜなら薩摩藩の藩庁文書は廃藩置県時にほとんどが処分されてしまったため、藩政の実態を知ることができる史料がほとんど残されていないからである。

しかしそうした逆境にも負けず、現在に至るまで丹念な史料収集と研究が進められており、いまでは完全に誤りとして否定できるものも少なくない。その成果も参照しながら、ここでは幕末薩摩を彩る財政面の問題について紹介したい。

調所広郷の改革

調所広郷は近世後期の薩摩藩家老で、島津斉彬の曾祖父・島津重豪(しげひで)と、斉彬の父・斉興に仕えた。当時の薩摩藩は財政窮乏が深刻で、文政(ぶんせい)六年(一八二三)の報告では、藩の年間収入十三万四百両に対し、支出は十九万八千六百五十両で、毎年六万八千二百五十両の赤字であった。このとき藩が抱えていた藩債(借金)は、三都(江戸・大坂・京都)で合計百六十四万両、利子の支払いだけでも年十三万九千九百九十両に及んでいた(しかも、うち五万九千六百七十両は支払いを停止中であった）。このため不足分の数万両は毎年新たな借り入れで補うという悪循環に陥っており、調所が財政改革の主任に抜擢（ばってき）された文政十一年には、藩債総額は五百万両にものぼったという。

こうした危機的状況を乗り越えるべく行われたのが調所の改革であった。よく知られるのは、①藩債五百万両を二百五十年払いとする「踏み倒し」、②奄美（あまみ）群島における砂糖専売制の強化、③密貿易の拡大、の三点であろう。

これらは教科書でも「諸藩の改革」といった項目で紹介されることが多い。藩債を強引に帳消しにしたことで支出は大幅に削減され、砂糖・密貿易の利益によって収入は増加した。こうした財政再建の成功が、斉彬以後の幕末薩摩藩を支えたといわれている。では、実際にはどうだったのだろうか。

前代未聞ではなかった膨大な藩債の踏み倒し

天保七年（一八三六）より、薩摩藩は京都・大坂商人からの藩債について、以後の返済を一律で元金の〇・四パーセントを毎年支払う二百五十年払いとした（江戸では翌年から）。対象となる藩債は合計五百万両もの巨額に及んだが、これを踏み倒すも同然の前代未聞の措置に、商人たちは大混乱に陥ったとされる。この劇的な「借金帳消し」については、「五百万両」や「二百五十年」という巨大な数字が、薩摩藩のアウトローなイメージとともに独り歩きしている印象は否めない。しかし、同時代史料による裏づけが困難であることから、長く再検証されることなく史実として扱われてきた。

このうち、藩債の総額については当時の史料から裏づけを得ることができる。二百五十年払いを被った大坂の豪商のひとり、鴻池善右衛門(こうのいけぜんえもん)家には、薩摩藩との交渉記録が残っている。そのなかの天保七年十二月の記事をみると、藩役人がはっきりと「金四百九拾三万三千二百両余」という三都藩債の合計額を示し、これを二百五十年払いとすることを通告している。実態はともかく、五百万両近い数字が当時から藩外に示されていたことはたしかである。

また、二百五十年払いという気の遠くなるような返済も実際に行われている。島津家伝来の史料を所蔵する尚古集成館(しょうこしゅうせいかん)をはじめ、いくつかの大坂商人の家にはこの二百五十年払いを記録した返済帳簿が残っており、明治四年(一八七一)の廃藩置県まで、藩は毎年十二月に元金の〇・四パーセントを細々と返済しつづけていたことが判明している。

一方で、二百五十年払いが当時「前代未聞」だったとする理解は誤りといってよい。商人相手の借金では、返済不能に陥った藩側がやむをえない措置として一方的に数十年スパンの長期返済へと切り替えるのは珍しいことではなく、他藩でも同様の事例を確認できる。佐賀藩を例に挙げると、天明(てんめい)元年(一七八一)、それまで京都商人から借り入れていた銀六千七百貫目のうち、七割は返済免除、三割は千年払いとする措置を実施している。薩摩藩だけが特別に思いきった措置に訴えたわけではなかった。商人たちにとっては「言語道断」ではあるものの、「前代未聞」というわけではなかったのである。

　こうして二百五十年払いを断行した結果、利子だけでもかつては八万両以上に及んでいた「古借」（古い借金）の返済は、商人側の債権放棄もあってか、嘉永四年（一八五一）の財政帳簿上では年四千両にまで圧縮されている。その恩恵は、以後の財政運営上きわめて大きかったといえよう。

奄美群島全域に拡大した砂糖専売制

　奄美群島の砂糖生産は、調所自身が「改革の第一」と位置づけており、厳しい専売制がしかれたことでよく知られる。天保元年（一八三〇）より奄美大島・喜界島（きかいじま）・徳之島（とくのしま）の三島で生産された砂糖はすべて藩が買い入れる「惣買入制（そうかいいれせい）」が実施され、藩の手でおもに大坂で売却されていた。その利益は藩財政再建に大きく寄与されたといわれる。

　ところが改革の行われた天保年間頃になると、四国や畿内において「和製砂糖」とよばれる国産砂糖の生産が盛り上がりをみせつつあり、薩摩藩の砂糖は苦境に立たされていた。生産量も下落傾向にあり、大坂市場で買い占めによる価格操作が試みられるも、失敗に終わったという。

とはいえ、藩の収入に占める砂糖の地位はやはり圧倒的で、改革開始後の十年間（天保元～十年）で年平均二十三・五万両ほどの利益を生み出し、減収の予想されたその後についても、天保十五年以降五カ年で年平均十五万両前後の利益を上げている。内訳の判明する嘉永三年（一八五〇）についてみてみると、この年に藩が大坂で売却した年貢米・砂糖その他国産品の代金合計はおよそ二十五万両、このうち砂糖代金は十八～十九万両ほどである。費用等を差し引いた純益も十五万八千両ほどにのぼり、その存在の大きさがうかがえる。

このような砂糖に大きく依拠した財政構造自体は、島津斉彬の藩主就任後もそれほど変わらなかったと思われる。嘉永六年に沖永良部島（おきのえらぶじま）、安政（あんせい）四年（一八五七）に与論島（よろんじま）にそれぞれ惣買入制が拡大されており、沖永良部島だけでも利益は年七千両あったという。その利益には斉彬もおおいに関心を寄せ、増産・改良の指示を行っている。

ただし、斉彬は砂糖以外にも国産品の開発・振興にきわめて熱心で、山林や鉱山をはじめとするさまざまな事業に投資を惜しまなかった。実験的な事業も多く、そのほとんどは斉彬生前に大きな利益を生むことはなかったものの、斉彬自身は「何事も大きな利益となるものは最初の費用がかさむものであるから、損失が生じても四、五年のうちはかまうことはない。初めから利益が出るようなものは、後年の「大益」とはならない」と述べており、目先の損失を不安視する声を喝破している。支出削減に努めた父の斉興や調所に対し、支出超過にためらいのなかった斉彬の財政運営観がうかがわれよう。

貿易拡大路線は引き継ぐも、改革を模索

薩摩藩の密貿易といわれるものは、藩の支配下にあった琉球王国を通じた中国との貿易のなかで行われたものである。

いわゆる「琉球口」における中国貿易そのものは、もともと幕府の許可を得て行われていたもので、幕府の貿易に支障がないよう、取り扱う品目や量に制限があった。しかし一九世紀に入ると、より利益の大きい唐薬種（漢方薬）に輸入許可が拡大され、琉球で輸入した唐薬種を薩摩藩が長崎で販売する「長崎商法」が展開した。財政窮乏に陥った藩が、困窮する琉球の財政を支援するためという名目のもと、幕府に対して執拗に請願を繰り返して実現したものである。

しかし、許可を隠れ蓑として上限を超えた抜け荷（密貿易）が横行し、唐物が長崎以外の地で流通するようになる。調所の改革下でその規模はいっそう拡大し、本来幕府が集荷して輸出するはずの昆布・俵物なども、薩摩藩によって日本海側から大量に集荷されるようになっていた。正確な取引総額などはうかがい知れないが、このような状況は当然幕府も察知しており、老中水野忠邦は天保八年（一八三七）、二年の猶予をおいて藩の長崎商法を停止することを決定した。

これに大きな打撃を受けた薩摩藩側は、復活に向け幕府に請願を繰り返した。困窮する琉球を救済するためという名目をさかんに述べ、水野退任後の弘化三年（一八四六）にようやく許可を得ることになる。再開後に藩が長崎商法で得ていた貿易品の純益は年間一万三千～七千両ほどとされるが、その実態は藩利優先で、琉球側の利益に圧迫を強いる構造であったことが指摘されている。

こうした唐物をめぐる貿易のあり方に対して、その重要性を認識しつつも批判的であったのが斉彬である。安政元年（一八五四）三月八日、鹿児島城下で発生した大火で唐物を収めた倉庫群が全焼すると、この機に斉彬は唐物貿易体制を見直すことを決意する。同年四月四日に国許家老へ宛てた指示のなかで斉彬は、これまでの唐物貿易は藩の利益を第一として琉球の救済が名目だけとなっており、琉球にまったく利益を還元していなかったことを問題点として指摘する。そして、今後はそれを改めるべく、まず担当部局の会計見直しを行うことを指示している。

名君と仰がれる斉彬の面目躍如といったところだが、その一方で、海外貿易の拡大をめざす点では調所と共通する部分もあり、とくに新たに登場した西欧列強への対応をめぐっては琉球側と対立する面もあった。相次ぐ外国船の来航と和親・通商要求に対して、斉彬は領内沿岸の港や奄美大島、そして琉球を開港し、中国沿岸に出向いて貿易を行うことをめざしていた。しかし、琉球王府はこれに激しく反発している。

斉彬は開港によって汽船・武器の輸入と留学生の派遣を行って藩の近代化を進め、巨額の支出については中国への武器輸出で補うという壮大な構想を抱いていた。それゆえ、現在の一時的な赤字は心配するに及ばない、というのが彼の長期的な展望であった。

調所は無関係であった偽金作りの実態

以上みてきたように、従来説に修正すべき点はあるものの、調所の改革による財政再建が幕末薩摩藩を支えたことは事実といってよさそうである。一方で、斉彬以降の薩摩藩の歩みは、既存の財政構造ではもはや対応できない巨額の支出が常態化していく過程でもあった。諸藩に先駆けて行われた軍備・産業の近代化をはじめ、篤姫(あつひめ)の将軍家定(いえさだ)への入輿(にゅうよ)、薩英戦争と戦後の復興、汽船・武器の輸入、京都政局への対応、そして戊辰(ぼしん)戦争の戦費と、雄藩として積極的に活動した薩摩藩には、それだけ重く財政的負担がのしかかった。これらは調所の時代には存在しなかった支出であり、新たな財源の創出は必須であった。斉彬は国産品の開発・振興、外国貿易の拡大で長期的にこれを解決しようとしたが、彼の死によって多くは実現することなく終わった。

そこで最後に、幕末薩摩藩を支えた有力な「討幕資金源」としてしばしば取り上げられる、藩の貨幣密造＝「偽金作り」についてもみておこう。

俗説では、この偽金作りは財政再建のために調所が手を染めた「悪事」のひとつとされる。密貿易同様、幕府の禁を破る行為であることから秘密裏に行われたが、その利益は相当なものであり、幕末に至るまで藩財政を潤したという。

しかし現在この説は明確に否定されており、調所と偽金作りは無関係であったことが明らかになっている。財政補塡策として藩が独自に貨幣（銭貨）を鋳造することを最初に構想したのは、じつは島津斉彬であった。彼は、外圧から琉球王国を防備する莫大な費用を賄うため、琉球でのみ流通させる条件で、独自貨幣を鋳造する許可を幕府に求めていた。結局幕府の許可は下りないまま斉彬自身が急死してしまい、計画も中止されている。

その後、弟の久光が藩政を主導するようになると計画は再び動き出す。きっかけは藩に登用された安田轍蔵という人物の献策で、幕府が発行している天保通宝をモデルに、文字の刻印を変更した「琉球通宝」百文銭・半朱銭を鋳造することが実行された。

文久二年（一八六二）八月、勅使大原重徳の江戸下向に随行した久光は、幕閣から琉球通宝鋳造の許可を取り付ける。同年十二月には鋳銭局が開業し、琉球通宝だけでなく、天保通宝も密造された。正確な鋳造高は史料によって一定しないものの、文久三年七月に薩英戦争で鋳銭局が焼亡するまでの約半年だけで、およそ二十三万両にも及んだという。さらに、戦後も場所を移して人員増強のうえで鋳造は続けられ、英国艦隊の砲撃で被害を受けた鹿児島城下の復興費や、肥大

天保通宝と琉球通宝（筆者所蔵）

化する藩の軍事費を賄いつづけた。

さらに慶応元年（一八六五）からは銭貨だけでなく、金貨である二分金の贋造も行われた。これは開港によって流入した洋銀に少量の金を混ぜたものにすぎず、同様の贋造二分金作りは薩摩藩のみならず、幕府権力の崩壊する最幕末には諸藩で行われている。

このような偽金作りは藩財政を大きく補塡した反面、無計画な濫造が貨幣相場の下落を引き起こし、藩領内の経済にも混乱をもたらすことになった。さらに、開港場における外国貿易での贋金使用は国際問題ともなるため、その取り締まりは成立まもない明治政府の大きな課題となった。新政府に出仕した薩摩藩出身者は、自らの手で旧藩時代に携わった偽金作りの清算を迫られるのである。

〈主要参考文献〉

伊藤昭弘『藩財政再考―藩財政・領外銀主・地域社会』清文堂出版、二〇一二
上原兼善『近世琉球貿易史の研究』岩田書院、二〇一六
芳即正『調所広郷』（人物叢書）、吉川弘文館、一九八七
徳永和喜『偽金作りと明治維新―薩摩藩偽金鋳造人安田轍蔵』新人物往来社、二〇一〇
福元啓介「近世後期大坂における大名貸債権の永年賦化と「通帳」―薩摩藩の藩債二五〇ヶ年賦償還を事例として」（『日本史研究』七一三号、二〇二二）

◎関連書籍紹介

芳即正『調所広郷』（人物叢書）、吉川弘文館、一九八七
同『島津斉彬』（人物叢書）、吉川弘文館、一九九三
徳永和喜『偽金作りと明治維新―薩摩藩偽金鋳造人安田轍蔵』新人物往来社、二〇一〇

9章
【長州藩】

攘夷決行はほんとうに一大転換点だったのか？

山田裕輝

はじめに——一枚岩ではなかった攘夷決行

幕末の長州藩において、攘夷決行は大きな転換点、画期の象徴としてイメージされてきた。その最たるものといえるのが、文久三年（一八六三）と翌元治元年に勃発した下関戦争であろう。文久三年五月十日、久坂玄瑞に率いられた攘夷急進派（光明寺党）が下関海峡を通航中のアメリカ商船ペンブローク号へ砲撃を加えたことにはじまるこの戦争は、長州藩を名実ともに「攘夷派の急先鋒」へと押し上げた。しかし、六月一日のアメリカ軍艦ワイオミング号の報復攻撃により、長州藩海軍の洋式軍艦庚申丸と壬戌丸を撃沈させられ、六月五日にはフランス軍艦セミラミス号などの攻撃で下関の前田砲台が占領されるなど、大きな損害を被った。

さらに、翌元治元年八月四日から八日にかけて行われた四カ国連合艦隊の攻撃では、下関沿岸の砲台が破壊・占領されるという失態を演じている。これらの軍事的な敗北によって長州藩は攘夷急進派をふくめ攘夷の不可能を悟って藩論を転換し、イギリスへ接近して軍事力を強化し、倒幕に向かっていく、という筋書きである。

劇的ともいえる長州藩の政治的転換は、無謀な攘夷から開国への目覚めとして、現代の教科書や文芸書などでも採用され、一部には日本が近代国家へと飛躍する転換点となったとするような過大な評価まで与えられてきた、とも指摘されている（鵜飼政志『明治維新の国際舞台』有志舎、二〇一四）。

しかし、青山忠正氏が明らかにしたように、長州藩内では攘夷決行に対する温度差があった。五月十日を攘夷の期日とする際、朝廷は軍備を整えて「醜夷掃攘（しゅういそうじょう）」たるべきことを命じ、幕府はそれを受けて諸藩に海岸の防備を固め、外国勢力が襲来してきた際には「掃攘」するよう達しているのであり、幕府・諸藩の側が自ら戦端を開くよう命じているわけではない。とくに先述したペンブローク号は非武装の商船であり、当時の馬関（ばかん）（下関）総奉行であった毛利能登（もうりのと）は攻撃命令を出さず、むしろ「軽挙事を誤るべからざる」と告げる使者を、攻撃を実行する前の久坂玄瑞ら攘夷急進派に派遣していた（『防長回天史』三下、二四七頁）。

このように、実際の長州藩は、破約攘夷に藩論を転回し、その武力行使を目前にした局面においても、必ずしも一枚岩で動けていたわけではなかったのである（青山：二〇一八）。

　そこで本章では、長州藩が幕末政治史の主役に飛躍しえた背景について、寛政期（一七八九〜一八〇一）から断続的に求められる海防への対応と、家臣団統制のあり方に注目しながら、検証していきたい。

党派抗争だけでは見えてこない幕末長州藩の事情

　長州藩の攘夷決行が実態とは乖離した形で称揚されてきたのは、長州藩の政治過程を「正義派」と「俗論派」の党派抗争とみる視点に拠るところが大きい。「正義派」は、天保期（一八三〇〜四四）に村田清風を中心とする藩政改革を志向する藩官僚集団が生まれ、安政期（一八五四〜六〇）にはその路線を受け継いだ周布政之助を首班とする藩政改革派が主導権を握り、文久・元治期（一八六一〜六五）に久坂や高杉晋作ら松下村塾出身者を中心とする尊王攘夷派との結合を経て、慶応期（一八六五〜六八）になると桂小五郎（木戸孝允）を中心とする武力倒幕派へと移行し、最終的には維新官僚へとつながる系譜とされる。

　これに対し、「俗論派」は村田の後を受けて弘化元年（一八四四）六月から藩政に参画した坪井九右衛門を起点とし、元治元年（一八六四）七月の禁門の変による敗退で藩政の主導権を握るも、

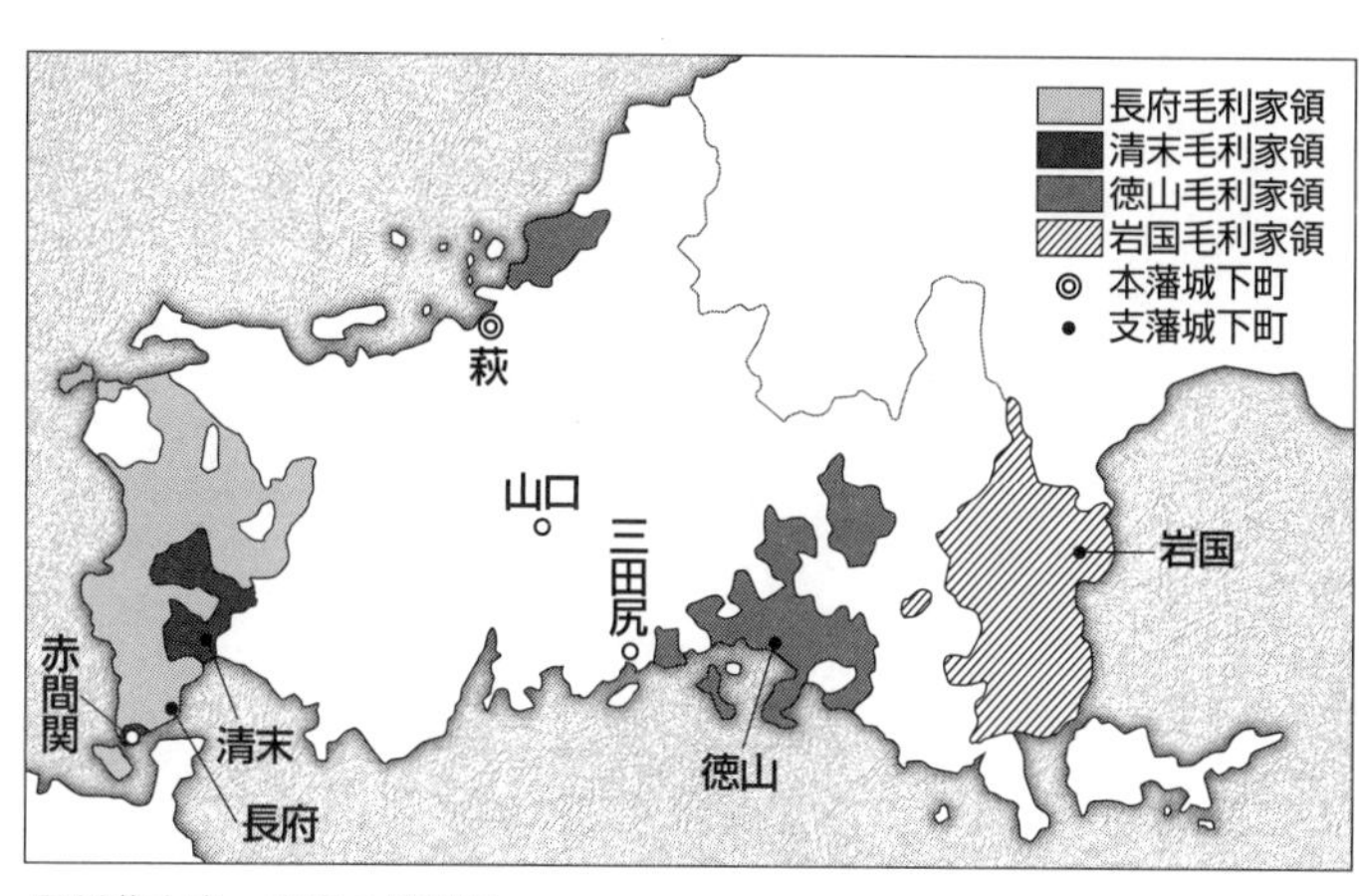

長州藩本家・末家の領地図

文久・元治期の内乱で「正義派」に敗れて処刑された椋梨藤太へと続く系譜とされる。維新後、伊藤博文の娘婿である末松謙澄が中心となって編纂・出版した幕末維新期の藩史である『修訂防長回天史』(一九一一～一三)では、長州藩の政治過程を「正義派」が「俗論派」に勝利していく過程として描き、「正義派」に連なる藩官僚・志士たちの諸運動を称揚した。そのため、長州藩の政治過程は勝者である「正義派」の文脈によって語られることになり、「俗論派」や両派に与しなかった中間派の動向については、必ずしも正当に評価されてこなかった(田中彰：一九八〇、家近：二〇〇六)。

しかし、平成四年(一九九二)からはじめられた「山口県史」編さん事業により、山口県文書館が所蔵する膨大な藩政史料群「毛利家文庫」の整理・研究が進み、『山口県史』幕末維新編(通史編一冊・史料編七冊)として結実した。これにより、党派抗争の視点では注目されてこなかった、さまざまな長州藩の画期がみえてくるようになった。

そのひとつが、寛政〜嘉永期（一七八九〜一八五五）の動向である。長州藩には、福岡藩・小倉藩と共同で行う八幡抜荷（密貿易）の取り締まりや、藩領の沿岸に漂着した朝鮮人の送還が近世的な軍役として課されており、それに応じた出動の体制が敷かれていた。しかし、イギリスで一八世紀後半からはじまる産業革命や、ナポレオン戦争（一八〇三〜一五年）の余波で、太平洋地域には欧米の軍艦や商船が多数航行するようになる。

長州藩は、そのような異国船への来航に備えた、海防軍役という公儀（幕府）から要請される新たな負担に直面した。たとえば、寛政三年（一七九一）七月、イギリス船アルゴノート号が博多湾・小倉沖に来航した際、その一報を受け取った萩城下では大騒動となり、赤間関（下関）に派遣する番手（部隊）の編成に右往左往する失態を演じたという。この後、長州藩は寛政三年・四年と相次ぐ幕府からの海防強化令を受け、家老が率いる一手勢を萩・三田尻から沿岸地域へ派遣すること、長府・徳山・清末の各支藩領には本藩から応援を出すこと、などを骨子とした海防報告書を幕府に提出している。しかし、報告書の趣旨は藩内でも十分に認識されておらず、軍事力強化の実態はともなっていなかった（上田：二〇〇八）。

こうした問題を受け、長州藩は文化四年（一八〇七）、沿海諸村に給領をもつ一門・永代家老・寄組ら上級家臣六十八家の給主と在郷の諸士に海岸部の警衛を命じるとともに、寄組諸家には猟師や地下人の動員を指示するなど、在地兵力を中心としつつ百姓身分の動員を視野に入れた沿海警衛体制がはじまりつつあった（『山口県史』）。

しかし、寛政十二年から文化七年までの期間は、藩財政と家臣団双方の財政状況がきわめて深刻化した時期にあたり（田中誠二：二〇一三）、諸役の遂行にも支障をきたすような状態であった。加えて、文化五年八月十五日のフェートン号事件の後には、長州藩を含む西国大名十四家に対し、有事の際に長崎へ派遣する応援人数を準備するよう長崎奉行の命が下るなど、藩領外への軍役という新たな負担にも対処する必要があった（上田：二〇一〇）。

さらに、異国船打ち払いのため、文化十三年に銃砲陣「神器陣」を編成し、一門・寄組・大組などの中・上級武士にも銃砲術の習練を命じた。これは、海防軍役遂行のためには階層の上下を問わず、銃砲術を習得する必要があることを明示した点で画期的だった。しかし、それゆえに長州藩家臣団内の家格・序列をめぐって葛藤や確執が発生する可能性があることを藩政府は認識しており、「神器陣」を含めた軍制改革の徹底をためらわせる要因ともなった（上田：二〇一七）。

ペリー来航後の藩政府と家臣団

長州における対外問題への関心は、天保十一年（一八四〇）にアヘン戦争情報が長崎に到来した後、再び高まりをみせる。アヘン戦争情報は、到来直後は幕府の統制もあり伝播する範囲が限られていたが、長州藩は長崎聞役を通じて情報を早くから入手していた（三宅：二〇二〇）。また、刊本や写本を通じた情報の流通もみられ、江戸当役用談役兼神器陣用掛として軍制改革を主導した村田清風は、斎藤竹堂の『鴉片始末』（一八四四）や、嶺田楓江の『海外新話』（一八四九）を「警戒之書」として注目している（村田清風「海寇防禦野論」）。

同年九月、村田清風は「御講武一件上書」を提出し、のちに軍役動員の総点検と家臣団の士気作興を目的とする羽賀台大操練（天保十四年四月一日）を実現させた（三宅：二〇二〇）。さらに、翌弘化元年（一八四四）七月十三日には、大操練時の編制をふまえ、藩領を七つの警衛区に分割して一門・永代家老を各警衛区の惣奉行に任じ、警衛区ごとに総指揮を担わせる七警衛区体制を成立させた（弘化三年からは八警衛区体制）。この制度は、嘉永五年（一八五二）七月に、各警衛区に配置する家臣団の隊伍編成基準を家格・禄高から居住地に変更した八手制へと発展している。

これらの改革は、家臣団の多くが在郷しているという当時の状況を前提に、彼らを原則武装自弁の戦闘者集団と位置づけ、海防軍役の遂行に適する軍事力として領内に再配置することを意図していた。しかし、それは同時に警衛体制に参加する家臣団へより多くの負担を強いるものであり、さらに家臣団内の家格・序列への配慮から、ペリー来航の報を受けた嘉永六年六月の時点でも、萩藩政府は八手それぞれへの隊伍編成の実施を見送っている。このように、ペリー来航という、海防への関心が大きな高まりをみせている時期ではあったが、当時の藩政府は家臣団との緊張関係に配慮し、軍制改革の徹底を回避するという判断を下したのである（上田：二〇一七）。

以上のように、海防軍役という新たな役の出現は、近世的な家臣団統制システムであった城下町集住に変容を迫り、領内への分散居住という海岸防備を想定した新たな形へと移行させた。一方で、藩士の領内分散は家臣団統制の難しさの裏返しでもあり、藩財政・家臣団財政の厳しさもあいまって、長州藩政府は家臣団との緊張関係をつねに意識しなければならなかったのである。

海軍の建設と幕府とのかかわり

もうひとつの画期が、ペリー来航後、幕府・諸藩における共通の課題として意識された海軍の建設である。幕末期の海軍構想は、軍船と廻船が一致した伝統的な日本の海上軍事力概念に立脚しており、軍事力として単純化されている近代海軍の概念とは異なっていることに注意する必要がある（金澤裕之『幕府海軍の興亡』慶應義塾大学出版会、二〇一七）。

長州藩の海軍建設は、すでに西洋式帆船を建造していた幕府を介して造船技術を取り入れる形ではじまった。安政三年（一八五六）に君沢形（スクーナー船）の丙辰丸が、萩・小畑浦の北端に新設された恵美須ヶ鼻造船所で建造され、万延元年（一八六〇）にはバーク型帆船の庚申丸が同所で建造されている。丙辰丸は逆風帆走の性能に優れていたため、産物方や地方といった長州藩の民政部門に所属し、武器・特産物の輸送といった藩の不定期な任務を優先的に行う艦とされた。のちに建造された庚申丸は、海軍士官候補生専用の実地練習艦に充てられている。また、乗員の養成は、幕府の長崎海軍伝習所に伝習生を第一期（安政二〜四年）と第二期（安政五・六年）にそれぞれ派遣しており、修了した者は藩地に設置された西洋学所（万延元年より博習堂）に入った。同六年に長崎海軍伝習所が閉所した後は、江戸・築地の軍艦操練所にあらためて伝習生を派遣し、幕府を介した技術習得のルートを維持しようとしている。

さらに、幕府が万延元年遣米使節団を派遣した際は長崎海軍伝習経験者である北条源蔵の随行が認められ、文久元年遣欧使節団のときには藩主毛利敬親の小姓である杉孫七郎の随行が認められ、文久二年（一八六二）七月にも幕府の洋式帆船千歳丸の上海派遣に高杉晋作の随行が認められている。とくに、北条源蔵は長崎と築地の両地で、勝麟太郎（海舟）の下で西洋の原書について入れ込み稽古（直接の指導）を受けるなど、幕府海軍と密接な関係を持つ人物でもあった。

たどりついた富国強兵策

海軍建設の過程で育まれた幕府との関係性は、長州藩がめざす富国強兵策の方法論にも影響を与えることになる。文久元年（一八六一）三月、長州藩直目付の長井雅楽は、開国航海・公武合体を骨子とする「航海遠略策」を藩主毛利敬親に建言した。この建言の採否が藩政府内で審議された際、議案の起草役を担った周布政之助は、長井の原案にはなかった藩内向けの文章を、但書という形で追加した。

その内容とは、①藩士たちに忠孝の教えを徹底させること、②藩士を地方に土着させ、農兵を教育し、米・紙・蠟などの国産物増産の世話にあたらせること、③蒸気船を購入し、国内での交易に加えて海外への航海を幕府に申請すること、④外国との折衝は庚申丸・丙辰丸・蒸気船の乗組員に一任し、士にして商を兼ねるという心得で奉公すること、というものである。

周布は、寛政期から課題となってきた藩士在地化による家臣団統制と、安政期から進められてきた産物取立政策を、軍船的・廻船的に運用できる長州藩海軍によって接続し、海外への進出を視野に入れた長州藩の富国強兵策へと発展させたのである。そして、文久元年当時の長州藩を取り巻く政治的な環境のなかでこの富国強兵策を実現するためには、海軍の建設・運用において技術的・人脈的に関係の深い幕府と協調することが得策と考えられた。事実、周布は前述した但書の末尾で、蒸気船一艘の発注と庚申丸の海外渡航を幕府に請願するよう提案している。

その後、久坂玄瑞を筆頭とする反対運動や、坂下門外の変による幕府の老中久世広周・安藤信正政権の動揺により、周布は「航海遠略策」に対する態度を変え、最終的に「航海遠略策」は藩論から取り下げられるに至る。しかし、周布は藩論転換後の文久二年九月二十三日に江戸で政事総裁職松平春嶽と面会した際、攘夷を実行して現行の通商条約を破棄し、そのうえで新たな対等条約を結ぶことを主張するなど、対外交易への展望をもちつづけていた。周布がたどりついた富国強兵策は藩論が変転した後にも引き継がれ、その後の長州藩に通底していく観念となっていくのである。

〈主要参考文献〉

青山忠正「「攘夷」とはなにか」(上田純子・公益財団法人僧月性顕彰会編『幕末維新のリアル』吉川弘文館、二〇一八)

家近良樹「長州藩正義派史観の根源」(家近良樹編『もうひとつの明治維新』有志舎、二〇〇六)

上田純子「寛政期の萩藩毛利家における海防問題」(『山口県史研究』一六、二〇〇八)

同「寛政・文化期の萩藩毛利家家臣団と海防問題」(『近世政治史論叢』東京大学院人文社会系研究科・文学部日本史学研究室、二〇一〇)

同「海防軍役と大名家臣団—天保〜嘉永期の萩藩軍事改革」(『歴史評論』八〇三、二〇一七)

田中彰『明治維新の敗者と勝者』NHKブックス、一九八〇

田中誠二『萩藩財政史の研究』塙書房、二〇一三

三宅紹宣『幕末維新の政治過程』吉川弘文館、二〇二〇

◎関連書籍紹介

小川亜弥子『幕末期長州藩洋学史の研究』思文閣出版、一九九八
町田明広『グローバル幕末史—幕末日本人は世界をどう見ていたか』草思社、二〇一五（のち草思社文庫、二〇二三）
山田裕輝「幕末期萩藩の海軍建設とその担い手」（『年報近現代史研究』九、二〇一七）

コラム

あまり使われなくなった「〜派」という歴史用語

「攘夷」と「開国」、「勤王」と「佐幕」は対立概念ではない？

幕末はそれまでの政策や体制が大きく揺らいだ時代であった。そのため、さまざまな立場からさまざまな議論が噴出し、党派が形成され、対立が繰り返された。それら党派は「尊王攘夷(そんのうじょうい)派」「公武合体派(こうぶがったい)」「佐幕派」「開国派」などとよびならわされる。しかし、その実態に分け入ってみると、はたしてそれが党派といえるものなのかどうか、いささか疑問なしとしない。

たとえば、攘夷と開国は妥協の余地のない対立概念であったのかといえば、本書の各章をご覧になってもわかるとおり、必ずしもそうではない。幕末の開国論は、それによって富国強兵を実現し、他日の攘夷を期す、あるいは海外への進出を図るといった論旨のものがほとんどを占める。開国論を「大攘夷」論とする所以(ゆえん)である。このように開国と攘夷の間の垣根は、我われが考えるほど高くはない。むしろ、国力を増強し、日本を列強に対抗できる国家とせねばならないという使命感において、両者は共通していたといえる。以上からすると、攘夷から開国へ転ずるのは、なにも変節ではなく、道理として当然ありえたことなのである。

尊王と佐幕もしかりである。「佐幕派」といわれる人びとは必ずしも朝廷をないがしろにしていたわけではない。天皇を奉ずる将軍を大名が奉ずることは、これすなわち大名にとっての尊王であるとは、尊王論に理論的根拠を与えた水戸学の説くところである。会津藩の雪冤の書である北原雅長著『七年史』（一九〇四年刊）の序文で、会津藩出身の東京帝国大学総長山川健次郎は「孰れか勤王の士ならざらん、唯佐幕勤王と排幕勤王との差異あるのみ」と述べたが、これはたんに過去の自藩の行動を正当化したいがためだけの言でなかった。

また、公武合体についてみれば、武が幕府をさすか、それとも武家全体をさすかによって立場がおおいに変わってくる。その意味で一会桑と薩摩藩の対立は公武合体のあり方をめぐる対立とさえいえる。

政治理念だけでは括れない幕末史

こうしたことを反映してか、現在「公武合体」や「尊王攘夷」は「〜運動」「〜論」という文脈で用いられることはあるものの、これらの語の下に「派」を用いることは少なくなったように思える。しかし、その一方で、前述のとおり幕末には、党派が入り乱れ、激しく対立したのも事実でもあった。

いったい人びとをして結びつけ、党派を形成せしめたものはなんだったのだろうか。それは、政治理念だけではない。利害関係や打倒対象の一致など、さまざまな要因があったであろう。政治理念が正反対でも、これらが一致すれば、党派が形成されることは史上往々みられるところである。この党派という問題について考察を深め、普遍的な理解を示すこともまた、幕末史の大きな課題のひとつではなかろうか。

（友田昌宏）

〈主要参考文献〉

町田明広『攘夷の幕末史』講談社学術文庫、二〇二二。初出二〇一〇

◎関連書籍紹介

吉田常吉『安政の大獄』吉川弘文館、一九九一

第3部

再検証！幕末維新史の転換点

10章

【ペリー来航】

植民地化の危機はほんとうに低かったのか？

田口由香

はじめに――一九世紀の世界情勢

一般的にはこれまで強調されてきた幕末期の対外的危機を見直す動きから、ペリー来航以降の日本において欧米列強による植民地化の危機は低かったといわれるようになったが、その危険性はなかったのだろうか。

まず、日本の幕末期の背景として、一九世紀の世界はどのような情勢にあったのだろうか。江戸幕府は一七世紀半ばから鎖国を続けていたが、一八世紀末になると外国船が接近するようになった。嘉永（かえい）六年（一八五三）にアメリカのペリーが来航する以前にも、ロシアのラクスマンが根室（一七九二年）、レザノフが長崎（一八〇四年）に来航し、イギリスのフェートン号が長崎に侵入する事件(一八〇八年)も起きていた。欧米諸国では、一八世紀における産業革命によって市場開拓が進み、一九世紀にはアジアにも市場を求めて進出をはじめていたのである。そして、欧米諸国が展開する世界貿易網にアジア諸国、インドや中国(清王朝)、そして日本は組み込まれることになった。

本章では、列強による植民地化の危機はほんとうに低かったのか、ロシアとイギリスの対日政策からみていく。

植民地化の危機をめぐって

一九五〇年以降、幕末維新期における日本の植民地化の危機をめぐって、これまでさまざまな見解が出されてきた(保谷:二〇二三)。まず、一九五〇年代には、半植民地化の危機があったとするもの(井上清「幕末における半植民地化の危機との闘争」1・2〈『歴史評論』五巻五号・七号、一九五一〉)、日本国内の内発的な発展を重視しながらも欧米列強による軍事的脅威である外圧自体のなかに植民地化の危機が含まれていたとするもの(遠山茂樹『明治維新 改版』岩波書店、一九七二。初版一九五一)が出された。そして、一九七〇〜八〇年代には、すでに植民地の分割競争が先取り的に起こっていたとするもの(芝原拓自『日本近代化の世界史的位置—その方法論的研究』岩波書店、一九八一)、それに対して、イギリスが領土拡張に反対する小英国主義を採ったため相対的に外圧は緩和したとするもの(石井孝『明治維新と外圧』吉川弘文館、一九九三)などが出された。一方で、一九五〇年代のイギリス国内では、イギリスの海外膨張は連続して行われたとする自由貿易帝国主義論が有力になっていた(Gallagher & Robinson:一九五三)。

この自由貿易帝国主義論では、イギリスが、弱体国(発展途上の国)と自由貿易と友好の条約を締結あるいは強要することをイギリス拡大の政治的方法としたとする。その条約のひとつには、安政五年(一八五八)に日本と締結した修好通商条約があげられる。ここでの自由貿易とは、アジア諸国を含む弱体国との不平等条約のもとで、イギリス側の貿易利益を求めるものであるが、その利益によって経済的な間接支配をするにとどまるものではない。イギリスは、防衛費などをそれほどかけずに支配する経済的な勢力圏(非公式帝国)にとどめる方法を第一としたが、イギリスの要求に反発するならば政治的そして軍事的に植民地(公式帝国)として支配する方針をとっていた(君塚:二〇一一)。中国(清王朝)の場合、一八四〇年のアヘン戦争、一八五六年のアロー戦争(第二次アヘン戦争)を経て、経済的支配(非公式帝国)から政治的軍事的支配(公式帝国)へと組み込まれる状況にあったとする。

中国の隣国である日本は、イギリスがアヘン戦争に敗北した中国に対して香港を植民地支配する状況を目の当たりにすることになった。一九世紀、幕末の日本は、イギリスをはじめとする欧米諸国がアジア進出を競うなか、植民地化の危機感を高めていたのである。

近年、植民地化の危機は、欧米諸国と日本との圧倒的な軍事力の格差があるなか、危機がなかったとはいえないが、条約締結後に通商を開始してからは比較的小さかったとする見解もみられる（井上勝生『開国と幕末変革』〈日本の歴史18〉、講談社、二〇〇二）。イギリスの自由貿易帝国主義にみられる欧米諸国のアジア進出のなかで、日本はどのような状況におかれていたのだろうか。以下、日本の植民地化の危機にかかわる状況をあげてみていきたい。

ロシア軍艦の対馬占拠事件（ポサドニック号事件）

まず、ロシア軍艦による対馬占拠事件である。文久元年（一八六一）のおよそ六カ月、ビリリヨフ艦長のポサドニック号が船体修理として対馬に停泊し、海岸に軍港を建設するなどして占拠しようとした事件が起こる。

なぜロシアは対馬を占拠しようとしたのだろうか。麓慎一氏によると、その直接的な契機は、東アジアにおけるイギリスとの対立がある（麓：二〇〇五）。一九世紀後半のロシアでは、植民地政策において、ロシア領アメリカ（アラスカ）の維持を主張する意見と、それを放棄して沿海州地域に勢力を向けることを主張する意見があった。しかし、一八四〇年のアヘン戦争によって、中国におけるイギリスの影響力が強まることに対してロシアの影響力低下を懸念し、沿海州のアムール地域の調査をはじめ、一八五六年のクリミヤ戦争段階では、ロシア領アメリカから沿海州地域に植民地経営の方針を移す意見が大きくなった。さらに、ロシアが中国と締結した一八五八年の愛琿条約と一八六〇年の北京条約によって沿海州を獲得したことで、その中心は沿海州に移った。

ロシア艦隊長官リハチョフ提督は、沿海州を獲得する半年前には、日本海から太平洋に出るための三つの海峡として、サハリン島と北海道の間（宗谷海峡）・北海道と本州の間（津軽海峡）・日本と韓国の間（朝鮮海峡）をあげ、朝鮮海峡の中央に位置する対馬をもっとも重要な場所と捉えていた。対馬は、ロシアが沿海州から中国へ、また日本の重要拠点への通路に位置していると認識していたのである。そし

ロシアのアジア進出

て、一八六一年、ロシアはポサドニック号による対馬占拠を行ったが、半年後には撤退することになる。なぜ撤退したのか。麓氏によると、その理由としては、幕府が外国奉行小栗忠順を派遣して抗議したこと、対馬島民が抵抗したこと、そして、イギリスの介入があげられる(麓:二〇〇五)。

イギリスの介入とは、幕府がイギリス海軍東インド・中国艦隊司令長官ホープ中将とイギリス駐日公使オールコックによる申し出を受け入れ、七月にホープが対馬を占拠するビリリョフ艦長と会談し、リハチョフ提督には、条約で定められていない場所に施設を建設することは認められないとして、対馬からの撤退を勧告する書簡を出した。対馬での行動が外交問題に発展することを禁じるロシア本国からの条件があったため、リハチョフはイギリスと軍事的に衝突することを避ける必要があり、ホープの勧告を受け入れて対馬からの撤退を決めた。リハチョフは、イギリスはロシアが先に対馬を確保したことを絶対に許さないとみて、対馬を重要と認識しながらも中止という苦渋の決断をしていたのである。

なぜイギリスはロシアに対馬撤退を要求したのだろうか。保谷氏によると、イギリスは、ロシアの対馬占拠より前、一八五九年に測量船アクテオン号による対馬の測量を行っていた(保谷:二〇〇四)。そして、翌年にはオールコックが対馬の戦略的な重要性を認識して、対馬を海軍基地として保持することで南方への出口の鍵となること、日本海にロシアを封じ込めることができること、中国政府に対する威嚇になることなどを主張し、対馬を確保する方向性を示していた。オールコックの提起はホープに反対され、イギリス外務省も斥けたために対馬占拠がイギリスの対日政策になることはなかった。しかしながら、ロシアの南下を警戒していたイギリスは、東アジアでの影響力を確保するため、対馬を占拠するロシアに撤退を要求したのである。

このように、欧米列強のアジアにおける覇権争いのなかで、日本の領土もその対象とされていたのである。

イギリスによる対日戦争計画

イギリスにとって対馬は、外国人を排斥しようとする幕府や諸大名に対する報復手段をとるための軍事拠点としても位置づけられていた（保谷：二〇〇四）。一八六〇年代のイギリスでは、パーマストン首相のもと、自由貿易を維持するために軍事的圧力を与える砲艦外交を進めていた。このような外交姿勢をとるイギリスとの対立が顕著となったのが、貿易港を閉鎖する幕府の鎖港方針である。イギリスは、幕府の鎖港要求にどのように対抗しようとしたのだろうか。保谷氏によると、イギリスは次のような対日戦争を計画していた（保谷：一九九七）。

文久三年（一八六三）、幕府は国内での主導権を握るため、表向きとして天皇が命じる攘夷を受け入れ(「奉勅攘夷」)、五月、欧米諸国に国外退去と横浜港閉鎖の交渉開始を通告した。そして、幕府は五月十日を攘夷期日とし、長州藩が関門海峡を通航する外国船への砲撃を開始する。そのなか、七月、イギリスは生麦事件を起こした薩摩藩に謝罪と補償を求めて艦隊を派遣(薩英戦争)した。横浜に戻ったホープの後任のイギリス海軍司令長官キューパー中将は、日本国内に外国人を排斥しようとする動きが高まってきていることに対して、戦争も不可避の状況にあることを本国海軍省に伝えた。イギリス本国では、幕府による鎖港要求に続いてキューパーの報告が伝わると、陸軍省のミッチェル(ミシェル)少将と東インド・中国艦隊司令長官を離任した海軍省のホープ少将によって対日戦争計画案が作成された。

陸軍省のミッチェルの計画案では、特定の大名が攘夷を行った場合、天皇を擁した一部の大名が攘夷戦争を行った場合、幕府が諸外国に戦争を宣言する場合の三つのケースが想定されている。まず、大名の攘夷行動に対しては、幕府には大名にその責任を取らせることはできないとして、長州藩のように海岸部に領地をもつ大名への攻撃は、海軍力で十分対応できるとした。一方で、山がちな内陸部に領地をもつ大名への攻撃は困難としている。次に、敵対する天皇と一部の大名に対しては、港と瀬戸内海の封鎖を行い、その効果がない場合は商業中心地である大坂を攻略し、最終的には京都を攻略する。そして、幕府による宣戦に対しては、まずは海上を封鎖し、それでも屈服しないならば江戸城を砲撃して江戸を攻略するか、大坂を攻略する。また、ミッチェルは、戦線を拡大することは経費がかかるため、極力は封鎖作戦によって屈服させることを強調している。海軍省のホープは、兵員と物資をインドから日本に輸送することを計画し、その日程と経費について具体的な案を出している。その案では、対日戦争に対して、中国とのアロー戦争と同じ規模の軍団を派遣することを想定している。

このように、イギリスは、幕府の鎖港要求に対して日本が全般的に攘夷方針に動くとみて、その対抗策として、海上封鎖を優先的方策としながらも、大規模な戦争計画を準備していたのである。

一方で、自由貿易体制を第一とするイギリスにとっては、開戦した場合、日本との貿易が維持できるかどうかが問題であった。日本にいるキューパーは、本国外務省からの問い合わせを受けて、開港地は放棄せざるをえないことを伝えている。開戦は日本との貿易停止をともない、全体的に商業が撤退することになることが明らかになると、外務省からは、可能なかぎりは開戦を回避するため、武力行使を制限すること、そして、幕府内の開国派を支援する策も指示されている。

そのなかで、元治(げんじ)元年(一八六四)八月、関門海峡を封鎖することになる外国船砲撃を行う長州藩に対して、イギリス・フランス・オランダ・アメリカの四カ国が連合艦隊を派遣して下関を攻撃した(下関戦争)。イギリス駐日公使オールコックは、攘夷が不可能であることを証明し、通商条約の尊重を強いるためには軍事力が必要であるとして、下関への攻撃を幕府の鎖港方針を断念させる好機会と捉えていた。結果的に、幕府は欧米諸国に対する鎖港要求を事実上、撤回することになったのである。

さらに、オールコックは、締結した条約を無効にすることは戦争の宣言を意味し、天皇が条約廃止を要求することは戦争を求めることになると幕府に伝え、天皇による条約の承認である条約勅許を要求するようになった。翌慶応元年(一八六五)、イギリス駐日公使パークスが、四カ国による連合艦隊を兵庫沖に派遣し、軍事的な威圧によって条約勅許を達成することになる。

このように、自由貿易帝国主義をとるイギリスは、自由貿易体制を維持するためには軍事力の行使も想定しており、実際に、幕府の鎖港要求に対して日本との全面的な戦争も計画した。日本が戦争に敗北した場合には、巨額な賠償金が要求され、その先には半植民地化に向かう危険性も考えられたのである。

列強による植民地化の危機はあったのか?

本章では、ロシア軍艦の対馬占拠事件、イギリスによる対日戦争計画についてみてきた。近年の研究によって、対馬占拠事件の背景には、欧米列強のアジアにおける覇権争いのなかで、日本の領土もその対象になる状況があったことが明らかになっている。また、幕府の鎖港要求に対して、自由貿易体制を維持するために日本との全面的な戦争も計画されていたことが明らかになっている。このように、幕末維新期の日本は、十九世紀にイギリスをはじめとする欧米諸国がアジア進出を競うなかで、植民地化の危険性も迫っていたのである。

よって、ペリー来航以降の日本において、欧米列強による植民地化の危機は低かったといわれているが、じつは、その危険性はあったと考えられるのである。

〈**主要参考文献**〉

君塚直隆「第四章 貴族政治の黄金時代」(木畑洋一・秋田茂編『近代イギリスの歴史―16世紀から現代まで』ミネルヴァ書房、二〇一一)

John Gallagher & Ronald Robinson, *"The Imperialism of Free Trade"* (The Economic History Review,1953)

ジョン=ギャラハー、ロナルド=ロビンソン「第四章 自由貿易帝国主義」(ジョージ=ネーデル・ペリー=カーティス編、川上肇他訳『帝国主義と植民地主義』御茶の水書房、一九八三)

麓慎一「ポサドニック号事件について―ロシア海軍文書館所蔵Φ410 O2 Д2385を手掛かりに」(『東京大学史料編纂所研究紀要』一五号、二〇〇五)

田口由香「ヨーロッパのアジア進出と明治維新―イギリスとの関係を中心として」(『史学研究』三〇三号、二〇一九)

熊澤(保谷)徹「幕末の鎖港問題と英国の軍事戦略―1864年の対日戦争計画について」(『歴史学研究』七

〇〇号、一九九七)
保谷徹「オールコックは対馬占領を言わなかったか―1861年ポサドニック号事件における英国の対応について」(『歴史学研究』七九六号、二〇〇四)
同「在外日本関係史料の調査と幕末維新史研究―幕末外国関係文書の編纂との三五年間にもとづいて」(『明治維新史研究』二二号、二〇二三)

◎関連書籍紹介

井上勝生『幕末・維新』(シリーズ日本近現代史1)、岩波新書、二〇〇六
保谷徹『幕末日本と対外戦争の危機―下関戦争の舞台裏』吉川弘文館、二〇一九
田口由香『海外から見た幕末長州藩―イギリスから見た下関戦争』(萩ものがたり60)、一般社団法人 萩ものがたり、二〇一八

11章 【違勅調印】

なぜ条約締結に勅許が必要だったのか？

後藤敦史

「無勅許調印」が招いたこと

日米修好通商条約の締結に向け、交渉もある程度まとまっていた安政五年（一八五八）一月、幕府側の全権である目付岩瀬忠震・下田奉行井上清直は、アメリカ総領事ハリスに対し、「皇帝の認可を得る」まで、二カ月ほど調印を延期してほしいと要求した。そこでハリスは、もし「ミカドが承諾を拒むなら」どうするのか、と尋ねた。ハリスによれば、その質問に対する岩瀬たちの反応は、次のようなものであった。

「彼らは直ぐに、そして断乎たる態度で、幕府はミカドからの如何なる反対をも受けつけぬことに決定していると答えた」（『ハリス日本滞在記』下巻、岩波文庫、一九五四）

岩瀬たちの発言からは、彼らがそもそも天皇からの反対を想定していなかったことがうかがえる。しかしその認識は、楽観的にすぎた。同年三月、孝明天皇は諸大名に再度意見を諮るように、と返答し、事実上、勅許を拒否したのである。勅許獲得の失敗という事態が打開されないまま、ハリスからの圧力もあり、幕府は六月十九日、日米修好通商条約の調印を断行する。

当然、孝明天皇は激怒した。八月には、幕府の条約調印を強く批判する勅書を水戸藩、次いで幕府へと伝達した（安政五年の干支から、「戊午の密勅」とよばれる）。幕府を飛び越えるかたちで、朝廷が藩に直接勅書を下すという事態に危機感を抱いた幕府の大老井伊直弼は、この密勅にかかわった水戸藩の者や、さらに朝廷側の者たちを弾圧し、「安政の大獄」を引き起こす。しかし、この措置は井伊に対する強い反感を招き、万延元年（一八六〇）三月には、登城中の井伊が水戸藩の浪士たちに暗殺される桜田門外の変が生じた。

こうした一連の経緯をみると、安政五年六月における「無勅許調印」という幕府の行為が、幕末政治史において重大な意義を有していたことがわかる。しかし、ひるがえって考えてみると、なぜ幕府は、わざわざ天皇に勅許を求めたのであろうか。また、無勅許という状態は、調印から七年後の慶応元年（一八六五）十月、勅許が下り、ようやく解消される。ではなぜ、勅許の獲得まで七年という期間が必要だったのであろうか。

本章では、幕末動乱の一因にもなった無勅許調印という問題に注目することで、幕末政治・外交史の理解を深めたい。

調印に際して、なぜ勅許を求めたのか

調印に際して幕府が勅許を求めた端的な理由は、じつはハリスに対する岩瀬・井上の発言のなかにはっきりと示されている。彼らはハリスに対し、江戸城内で大名たちに条約調印について説明したところ、「若干の人々」は説得できたが、「頑として応じない」大名たちがいると伝えた。しかし、勅許が得られれば、「大名たちはその反対を撤回するに相違ない」という。つまり、勅許は大名の反対を抑えるために必要であった。

たしかに、幕府は条約調印前年の安政四年（一八五七）十一月、登城した大名たちにハリスとの対話の内容を示し、意見を諮った。この諮問に対しては、アメリカ側の要望の受諾を是とする大名のほうが多かったようだが、反対意見も根強かった。

大名のなかには、重大な問題だからこそ、天皇の了解を得るべき、と述べる者もいた。また、幕府内においては、「天下の大事」だからこそ、しっかりと大名たちも含めた合意形成を図るべきという意見を唱える幕臣たちもいた。天皇から勅許を得る、ということは、条約調印に向けた国内の合意を形成するうえで、まさに適した方法であったといえる。

ここで、安政元年三月の日米和親条約においては勅許の奏請はなされず、調印の後に朝廷へ報告された、という点に留意したい。幕府にとって日米和親条約は、通商の規定のない、字義どおりの「和親」を約した条約として位置づけられていた。それは、外国船に対する穏和な対応を定めた天保十三年（一八四二）の薪水給与令の延長でもあった。鎖国体制に穴が空いた、という和親条約の実態はともかくとして、幕府にとってみれば、和親条約は従来の外交方針に重大な変更を迫るものではなかった。そのため、事前の大名への説明も、調印のための勅許の獲得も、必要がなかったのである。

一方、日米修好通商条約による新たな通商関係の構築は、清とオランダの二国に通商を限定してきた従来の外交方針（つまり鎖国）の転換を意味していた。幕府は安政四年十二月にも、条約草案を大名たちに示し、再び意見を諮ったが、その際、新たな外交の方針を「大御変革」と表現している。勅許は、「大御変革」の遂行のためにも必要であった。

しかし、先述のように、幕府側は天皇が勅許を拒否する、という事態を想定していなかった。ここに、幕府の大きな判断ミスがあった。江戸時代を通じて、朝廷の政治意志の表出を厳しく規制してきた幕府としては、当然の認識だったのかもしれない。しかし、幕末になるにつれ、朝廷の権威が上昇し、天皇の政治的な意識も高まっていたこと、またからこそ、孝明天皇自身、幕府のいう「大御変革」に強い危機意識を抱いていたことを、幕府は見落としていたのである。

幕府が朝廷に約束したこと

勅許の拒否という事態は、孝明天皇の意思は攘夷の実現にある、という政治的なメッセージとなった。国内における最高の意思として、攘夷という課題が、幕府に重くのしかかることとなった。権威のさらなる失墜を防ぐためにも、幕府はもはや条約の勅許ではなく、攘夷実行という無理難題を、姿勢だけでも示す必要に迫られた。

日米修好通商条約の調印後、その事情説明のために、老中間部詮勝が安政五年（一八五八）九月に上京した。同年十二月、井伊政権による弾圧も背景にあり、孝明天皇は幕府側の説明を受け入れ、「心中氷解」、つまり怒りを解くと言明した。ただし、間部による説明は、「鎖国の旧制」にいずれ復するということを約束する内容も含んでいた。条約調印前に外交方針の「大御変革」を掲げた幕府であったが、その調印後には、鎖国への回帰を約束せざるをえなかった。それだけ、勅許の拒否という事態は、重大な政局の転換をもたらしたといえる。

その後、幕府は朝廷との融和によって政情の安定を図るべく、孝明天皇の妹である和宮と、将軍徳川家茂との婚姻を推し進めようとした。当初、孝明天皇はこの婚姻を拒んだが、十年のうちに「蛮夷」を「拒絶」する、という朝廷側が示した条件を幕府がのんだことで、文久二年（一八六二）二月、和宮と家茂との婚儀が実現した。

さらに同年十一月には、勅使として三条実美（さんじょうさねとみ）らが江戸城に入り、将軍家茂に対して、攘夷の実行を求める勅書を授けた。十二月、幕府は将軍の名で、天皇の意を奉じ、攘夷実現のための方策を言上するために上京するという旨を返答した。翌文久三年三月、家茂の上京が実現する。上京した家茂に対しては、攘夷実行の期限を定めるよう、朝廷側からの圧力がかかり、ついに四月には、文久三年五月十日を期して攘夷を行うという方針を明示した。

もちろん、幕府としては、攘夷が不可能であることは重々承知していた。攘夷期限の前日にあたる五月九日、老中格小笠原長行（おがさわらながみち）により、生麦（なまむぎ）事件（文久二年八月）の賠償金がイギリスに支払われた。その同日、小笠原の名で、開港地の閉鎖と、外国人退去を求める通知が各国公使宛になされた。攘夷のための武力行使ではなく、貿易開始による国内の政情不安を外国に伝え、開港地を閉鎖することで、攘夷に代替しようとしたのである。

対外戦争か、内戦か

しかし、開港地の閉鎖という通知に対し、欧米諸国側は当然、強く反発した。イギリスの代理公使ニールからの返答は、「実際上、条約締結国全体に対する日本自身の宣戦布告にほかなりません」という、厳重な警告を含む内容であった（アーネスト・サトウ『一外交官の見た明治維新』上巻、岩波文庫、一九六〇）。

幕府には、対外戦争を行うつもりは毛頭ない。国内に向けて攘夷を約束しながらも、対外戦争を回避する。これが幕府の方針であった。文久三年（一八六三）一月頃に行われた秘密会談の場で、フランス公使ベルクールは幕府の者に対し、幕府は「外国との戦争か内戦かの二つの暗礁に挟まれることになろう」と指摘した。これに対し、大目付（おおめつけ）竹本正雅（たけもとまさつね）と思われる人物からは、次のような返答があったという。

「幕府はそのことは分かっており、この二つの災厄を回避するために必要なすべてをしたいと思っている。（中略）幕府は、災厄が発生し得る両方の暗礁に気を配りたいと考え、朝廷に外国人追放を約束しつつ、そのためには時間が要ると言っている」（アラン・コルナイユ『幕末のフランス外交官』ミネルヴァ書房、二〇〇八）

文久三年という時期は、幕府内で大坂湾の海防強化の計画が立てられ、この計画に沿って、大坂湾岸に台場が相次いで築造されはじめた時期にあたる。「時間が要る」とは、まさに海防強化のことを指している。幕府は、表向きには攘夷実現のための台場築造を進めながら、実際には、攘夷実現までの時間稼ぎを行い、その間に、攘夷の不可能を朝廷に説得しようとしていたのである。

幕末の幕府といえば、政治にしても外交にしても、うまくいかずに崩壊に至った、というイメージが強い。ただし、これは明治維新という結果に引きずられたイメージである。この時期の幕府は、「外国との戦争か内戦か」という「暗礁」に押しつぶされないよう、まさにすれすれの橋を渡っていた。こうした幕府による政治・外交の過程を、極力先入観を排除し、史料に基づいて検討していくことが重要であろう。

条約勅許を求める外国の動き

欧米諸国の側にとってみれば、当初、日本における唯一の政治主体であるはずの幕府（将軍）と条約を結んだつもりであった。しかしその後、日本の政治体制を知るなかで、朝廷（天皇）こそが、政治上の重要な鍵を握っていることを把握するようになる。となれば、欧米諸国としては、外交問題は朝廷と直接交渉を行えば、手っ取り早い、ということにもなる。

とはいえ、朝廷との直接交渉は、幕府が強く反対するところであり、また欧米諸国としても、幕府という条約締結の主体を無視して朝廷と直接接触することは、日本国内の不安定を招来・助長しかねなかった。貿易の安定的継続を重視する欧米人たちにとっては、そのような政情の不安定こそ、回避すべきことであった。

幕府との度重なる交渉のなかで、欧米諸国は幕府の苦境を知るようになった。その欧米諸国の側から、諸問題の根源である条約の無勅許という状態を解消できれば、国内の安定につながるのではないか、という発想が生まれることに、それほど時間はかからなかった。慶応元年（一八六五）四月、イギリス臨時代理公使ウィンチェスターは本国の外務大臣ラッセルに宛て、英仏蘭米の四カ国で、天皇からの条約の承認を得るべく、共同で行動をとるという提案を行っている。

これを実行に移したのが、その後に着任したイギリス公使パークスである。同年九月、四カ国の公使たちの乗る艦隊が兵庫沖に結集し、条約の勅許、兵庫・大坂の開港・開市、関税率の改定などを要求した。パークスらは、事前に江戸において幕府にこの計画を伝えていたが、パークスの感触としては、対談した老中水野忠精らは、公使たちの兵庫結集に反対を述べつつも、「遠征がおこなわれることに満足しているのではないかと思われるほどであった」という（萩原延壽『遠い崖』三巻、朝日新聞社、一九九九）。

はたして、この四カ国の艦隊結集を受け、国内では将軍家茂による辞表提出など、大きな動揺が生じる。その動揺のなかで、禁裏守衛総督一橋慶喜は、朝廷に対して条約の勅許を強く求め、同年十月、勅許が下された（ただし、兵庫開港は不可）。この条約勅許によって、無勅許調印という、約七年にわたって続いた問題は解消した。しかし、外国からの圧力を背に、強引に勅許を迫り、それを獲得した幕府、とりわけ一橋慶喜に対する反発が、かえって強まることとなる。また、幕閣の老中たちと、京都の一橋慶喜たちとの関係も悪化し、幕府内の分裂が深まった。条約の勅許獲得後においても、幕府の困難はけっして解消したわけではなかったのである。

〈**主要参考文献**〉

青山忠正『明治維新』（日本近世の歴史6）、吉川弘文館、二〇一二
石井孝『〈増訂〉明治維新の国際的環境』吉川弘文館、一九六六
鵜飼政志『明治維新の国際舞台』有志舎、二〇一四
後藤敦史『開国期徳川幕府の政治と外交』有志舎、二〇一五
保谷徹『幕末日本と対外戦争の危機—下関戦争の舞台裏』吉川弘文館、二〇一〇

◎関連書籍紹介

後藤敦史、髙久智広、中西裕樹編『幕末の大阪湾と台場—海防に沸き立つ列島社会』戎光祥出版、二〇一八
町田明広『攘夷の幕末史』講談社学術文庫、二〇二二

12章

【倒幕と討幕】

倒幕運動はいつからはじまったのか？

友田昌宏

はじめに——討幕路線と大政奉還路線

慶応四年（一八六八）一月三日、京都郊外の鳥羽・伏見において、大坂から上洛途上にあった旧幕府および会津・桑名両藩の兵と、同所を警衛していた薩摩・長州両藩をはじめとする新政府軍との間で戦いの火ぶたが切られた。戊辰戦争の緒戦、鳥羽・伏見の戦いである。薩長両藩の倒幕運動の結末がこれであった。

この運動の担い手は、薩摩藩にあっては、小松帯刀・西郷吉之助（隆盛）・大久保一蔵（利通）らであり、長州藩にあっては、木戸準一郎（孝允）・広沢兵助（真臣）らであった。では、彼らはいつどのように倒幕をめざすようになったのか。これについては、文久三年（一八六三）から元治元年（一八六四）にかけて両藩が西欧列強との戦闘に敗れたことにより、彼らは攘夷を放棄して、倒幕をめざすようになり、やがてその主導で倒幕の軍事同盟である薩長同盟が結ばれたと説明されることが、一般的にはいまなお多い。

しかし、一九八〇年代に青山忠正が、薩長同盟＝倒幕の軍事同盟という従来の通説を否定したことから、学会ではこうした見方は否定されるようになった。そこで、本章ではその後の研究の進展で明らかになったことをふまえて、いまいちど倒幕運動の形成と展開について考えたい。その際、留意すべきは、倒幕にはふたつの路線があったということである。ひとつは武力による倒幕＝討幕路線で、これは先の薩摩藩の西郷ら、長州藩の木戸らのめざす路線である。もうひとつは平和的な手段での倒幕＝大政奉還路線で、こちらは土佐藩の後藤象二郎や坂本龍馬を運動の担い手とする。本章では後者にも目配りし、それとの絡み合いのなかで前者について考えていくこととする。

岩倉具視の王政復古論と平野国臣の討幕論

安政五年（一八五八）の六月から九月にかけて、幕府がアメリカ・オランダ・ロシア・イギリス・フランスの五カ国と無勅許で通商条約を結んだことは、幕府への批判を諸方から惹起した。このとき幕府は、安政の大獄により力でもって批判を封じ込めようとしたが、そのことはかえって反動を招き、安政七年（一八六〇）三月の桜田門外の変に帰結した。大老井伊直弼が水戸・薩摩の脱藩浪士に白昼殺害されるということの衝撃的な事件により、幕府の権威はかつてないほどに失墜する。

これを機として、幕府から政権を奪取せんとする主張が、陰に陽に唱えられることとなった。万延元年（一八六〇。三月十八日に安政から改元）四月、幕府は、桜田門外の変で失墜した権威を朝廷との融和（公武合体）により回復すべく、孝明天皇の妹和宮を将軍徳川家茂の正室として迎えたい旨、朝廷に願い出た。当初、孝明天皇は「外夷」の横行する関東に和宮を嫁がせることに難色を示したが、侍従の岩倉具視は幕府の歎願に応ずべきことを天皇に進言した。岩倉の意図は和宮降嫁を突破口として幕府から政権を回収することにあった。すなわち、和宮降嫁に応ずることを条件として、攘夷はもちろんのこと、国政上の重大事はすべからく事前に朝廷の意向を伺うよう幕府に命ずれば、それは事実上の王政復古となるであろう、というのである。

天皇は幕府から政権を奪うことなど露ほども望んでいなかったが、和宮降嫁を交換条件として幕府に攘夷を迫ることができるという点には共鳴するところがあり、七、八年ないし十年を期して攘夷を決行することを条件として、幕府の要請に応じることとした。

しかしこの頃、志士のなかにはすでに、幕府をして攘夷を決行せしめることを潔しとしない向きもあった。福岡藩出身の志士平野国臣もそのひとりである。平野は公武合体を姑息な策として、天皇が直接諸侯に下知し、率先して攘夷を決行すること（攘夷親征）を主張した。さらに、平野はそこから武力による倒幕＝討幕へと論を進める。文久二年（一八六二）四月、薩摩藩国父（藩主の実父）島津久光が幕府に改革を迫るべく江戸に上る途中京都に立ち寄ると聞くや、彼は、これを機に天皇が久光に綸旨を降して、彦根城、および二条城、大坂城を攻めさせ、幕吏を追い、幕府に無勅許条約調印の罪を問うたうえで、幕府が命に背けばこれを討ち、罪を謝せば、将軍の官位を剥奪し、封地（領地）を削り、諸侯の列に加えるべきだとした。

もっとも、この平野の案は彼自身述べているとおり、「大諸侯」の賛同があって初めて実現しうるものであった。そのことからすれば、彼の意見はこの時点では実現の見込みがきわめて薄かったといわざるをえない。なぜなら、朝廷から浪士鎮静の命を受けて藩内の急進的な尊攘勢力を粛清し（寺田屋事件）、彼らと意の異なるところを示した久光はもちろんのこと、平野の案に応じそうな諸侯は全国を見渡してもなかったからである。朝廷が諸侯に命を降し武力でもって幕府を討とうとしても、譜代の諸侯は幕府に与するであろうし、そのほかの諸侯も事態を傍観するであろうと見通した岩倉は、平野に比してよほど現実を直視していた。事実、討幕は、このあと薩長両藩の内部に、それに向けての動きがみられるようになって初めて、実現の可能性を帯びた運動として展開されることになったのである。

大久保忠寛の大政奉還論

ところで、平野が討幕を唱えたのと同じ頃、幕府内にも、幕府が朝廷に政権を奉還し、自ら一諸侯に下るべきだと唱える者があった。彼の名は大久保忠寛（一翁）、当時、将軍に近侍する御側御用取次の要職にあった。大久保はいかなる経緯でかかる論を唱えるに至ったのか。

時は文久二年（一八六二）十月、朝廷は幕府に攘夷決行の策略を明示するよう求めるため、三条実美と姉小路公知を勅使として江戸に遣わした。この事態を前に大久保は、攘夷が国家のために得策でない旨を朝廷に諄々と説き、なおも朝廷が受け入れない場合は、朝廷に政権を奉還し、徳川家は駿河・遠江・三河の三国を請い受けて、一諸侯に下るべきだと主張したのである。

これだけ聞くと、窮地に追い込まれ政権を投げ出そうとしただけのように思えるが、そうではない。このとき大久保は大政奉還後も見据えていた。彼の脳裏には、京都あるいは大坂に大公議会、江戸そのほか主要都市に小公議会を開き、前者では諸侯五名を常議員として全国に関する案件を議論し、後者では大公議会に準じて議員や会期を定めて一地方に関する案件を議論するという構想があったのである。これより先、大久保は蕃書調所（洋学研究機関）総裁の職にあり、同所に出仕する洋学者の加藤弘蔵（弘之）・西周助（周）・津田真一郎（真道）らから西欧の議会制度について聞いていたものと思われ、それがこの構想に結びついたと考えられる。そして、大久保がかかる案を提起したのは、幕府のみではこの難局は乗りきれず、それならば幕府が自ら倒れ、新たな政体の下で国家を維持すべきだと考えたからであった。また、世論の力で朝廷の攘夷論を覆さんとの思惑もあったものと考えられる。

前越前藩主でこのとき幕府の政事総裁職の地位にあった松平春嶽（慶永）は、大久保の才を高く評価する者であったが、大久保の大政奉還論を初めて聞いたとき、「大久保は狂人かと大いに忿怒」したという。春嶽からしてそうだったのだから、彼の意見が幕閣に受け入れられるはずもなかった。春嶽によれば、「満幕府これを喜ぶものなく、ただ怨悪する多し」というありさまで、大久保は文久二年十一月に講武所（武芸の訓練機関）奉行に左遷されてしまう。そのようななか、幕府内では勝海舟（当時、軍艦奉行並）のみが大久保の論に理解を示した。また、土佐脱藩浪士で勝の弟子の坂本龍馬も、大久保から大政奉還論を聞き、おおいに感銘を受けている。じつに、大久保が勝と龍馬を賛同者として得たことは、その後の歴史の展開を大きく左右することとなる。

薩摩藩内における討幕の動き

勝海舟が大坂において薩摩藩の西郷吉之助と面会したのは、元治元年（一八六四）九月のことであった。この二カ月前、長州藩は禁門の変で御所に発砲したことから朝敵の指名を受け、幕府は諸藩を動員して長州征討の軍を差し向けようとしていたが（第一次長州征討）、当時西郷は、その征長軍の参謀の地位にあった。勝との初対面の後、西郷が盟友の大久保一蔵に宛てた書簡によれば、長州を討たんと意気軒昂な西郷に対して、勝は「共和政治をやり通し申さず候ては相済み申すまじく」と述べたという。ここにいう「共和政治」とは、幕吏のこれまでの失政の罪を鳴らし、全国の人材を挙用して公議会を設け、公論でもって国是を定めることであった。西郷もまたこの勝の案に共鳴し、以後、小松帯刀や大久保とともにこの構想の実現をめざしていく。

　しかし、彼らの行く手は、天皇やその側近たる中川宮朝彦親王、関白の二条斉敬と結託して、国政から雄藩の影響力を排除しようとする、禁裏守衛総督の一橋慶喜、京都守護職の松平容保（会津藩主）、京都所司代の松平定敬（桑名藩主）の三者（一会桑）によってことごとく阻まれた。ここに西郷らはかつての仇敵長州藩に接近していく。

　その結果、龍馬や中岡慎太郎の仲介も手伝って、幕府と長州藩との戦争（第二次長州征討）が目前に迫る慶応二年（一八六六）一月二十一日（もしくは二十二日）に、小松・西郷らと長州藩の木戸準一郎らとの間で盟約が交わされた。いわゆる「薩長盟約」である。この名称からすると盟約は薩長双方が守るべき箇条を定めたもののように思われるが、実際は薩摩藩が長州藩の復権に向けていかに運動すべきかが、さまざまな事態を想定したうえで記されていた。

そのなかには、もし薩摩藩の運動を一会桑が阻んだ場合、薩摩藩は武力をもってしてもこれを討つべしとの箇条が含まれる。つまり当面の敵は一会桑が想定され、幕府本体を討つということまでは明言されていないのである。盟約が交わされた直後の一月二十三日に、大久保一蔵が越前藩の中根雪江に対して「一橋公も文久時のようになれば我が主君（久光）も協力するであろう」「幕府には勝、大久保忠寛以外に人物はなく、彼らを幕府が登用するか否かに天下の人心の向背はかかっている」と発言していることからもわかるとおり、この時点では、小松・西郷・大久保は幕府の自己改革に一縷の望みをつないでいた。

その彼らが久光の支持も得て討幕に大きく舵を切ったのは、慶応三年五月の四侯会議の決裂以降である。この会議は、第二次長州征討終結後、薩摩藩が松平春嶽・山内容堂（豊信、前土佐藩主）・伊達宗城（前宇和島藩主）に呼びかけて京都で開催されたものである。会議では、兵庫開港問題と長州処分問題のいずれを先決すべきかをめぐり、新たに将軍に就任した慶喜と久光・宗城とが激しく対立、久光らは、兵庫開港の期日（慶応三年十二月七日＝一八六八年一月一日）が迫るなか、あえて長州処分問題を優先させることで、この問題において慶喜から譲歩を引き出そうとするが、慶喜は慶喜で兵庫開港を先決事項として譲らなかった。

結局、春嶽の仲裁もあり両件は同時に天皇（当時は明治天皇）に奏上されることになるが、奏上を受けて慶喜に下された勅書では、兵庫開港は四侯の合意をもって勅許された一方、長州処分については「寛大な処分」とあるだけで具体的な内容は示されず、幕府の判断に委ねられる格好となった。慶喜の水面下の宮廷工作が功を奏したのである。ここに至って小松・西郷・大久保はかねての長州との盟約どおり慶喜を討つことを決意、いまや将軍となった彼を討つことは幕府を討つことにほかならなかった。久光もまた会議決裂後、京都に潜伏中だった長州藩の山県狂介(有朋)と品川弥二郎を召し、「幕府に反省見込みなきゆえ、もう一段尽力する覚悟だ」といって六連発の拳銃を下賜した。これ以後、小松・西郷・大久保は京都にあって、長州藩と連絡を取り合いつつ、謹慎を解かれ入洛を許されたばかりの岩倉具視とも計らい討幕の方途を探ることとなる。

討幕と大政奉還――薩摩と土佐

土佐藩参政の後藤象二郎と坂本龍馬が前後して上京したのは、そうしたおりの慶応三年(一八六七)六月のことであった。これより先、後藤は長崎において、龍馬と初対面を果たし、龍馬から大久保忠寛仕込みの大政奉還論を聞いた。そして、これを土佐藩の藩論とすべく、山内容堂がいる京都に龍馬を同伴する。しかし、四侯会議が物別れに終わり、容堂は国許に向けて京都を発った後だった。そこで後藤は龍馬と中岡慎太郎の仲介により、六月二十二日に薩摩藩の小松・西郷・大久保と面会、席上、龍馬から説かれた大政奉還論を披歴する。すなわち、慶喜に対して朝廷への大政奉還を説き、それが実現した後、朝廷の下、上下二院の議事院を京都に開設し、公議でもって国政を運営するという構想である。薩摩側はこれに同意し、ここに薩土盟約が成立した。

ここで頭をもたげるのは、すでに武力による倒幕=討幕に方針を定めていた薩摩側が、なぜ土佐側の平和的手段による倒幕=大政奉還論に同意したのかという疑問である。これについては、かつては薩摩藩がどちらに転んでもよいよう二股をかけたといわれていた。しかし、家近良樹や高橋秀直の研究によって、こういった見方は現在否定されている。薩摩側が土佐側の提案に乗ったのは、大政奉還の建白が慶喜に却下されることを見越してのことであった。つまり、慶喜が建白を却下すれば、それは慶喜を討つ口実になるし、土佐藩を討幕に踏み切らせるきっかけとなるとみたのである。事実、後藤も龍馬も慶喜が建白を却下すれば、武力に訴えるほかないと考えていたし、会談で後藤はいったん帰藩のうえ、そのための兵力を率いて再び上京することを西郷らに約している。

しかし、薩摩側が土佐側の提案に乗ったのはそれだけが理由ではない。もうひとつの理由は、土佐側が示した大政奉還後の政体構想が、薩摩側が抱くそれと大きく違わなかったからであろう。ただ、両者の間で大きく異なった点は、慶喜の処遇であった。土佐側は当初より慶喜を新政府の有力なメンバーとして想定していたが、薩摩側は慶喜を新政府に加えることに否定的で、加えるにしても慶喜に相当のハンデを負わせるべきだと考えていた。西郷・大久保らが最後まで討幕というカードを保持しつづけたのもそのためである。

この後、後藤らの運動が功を奏し、慶応三年十月十四日に、慶喜はこれまでの幕府の失政の罪を謝し朝廷に大政奉還を上表した。じつに討幕の密勅が長州藩主に下された当日のことであった（薩摩藩主へは前日）。薩摩藩主島津茂久（もちひさ）は密勅を受け、兵を率いて上京の途についたが、慶喜が大政奉還を上表したことで、討幕を見合わせるよう命ずる沙汰書が、密勅降下に携わった三人の公家（中山忠能（なかやまただやす）・中御門経之（なかのみかどつねゆき）・正親町三条実愛（おおぎまちさんじょうさねなる））から薩摩藩に下された。一方、朝廷は大政奉還の上表を受け入れたものの、政務を行う体制が整っておらず、当面庶政を慶喜に委任することとした。ここに、しばしの膠着（こうちゃく）状態が生まれる。そうしたなか、十二月九日に薩摩藩の呼びかけで同藩はじめ尾張（おわり）・越前・土佐・芸州の五藩の兵が京都御所を占拠、王政復古が断行され、新政府が発足する。新政府発足当初、薩摩藩と土佐・尾張・越前藩との間で争点となったのが、やはり慶喜の処遇であった。慶喜を新政府に迎え入れるべきだと主張する三藩に対して、薩摩藩は謝罪の証（あかし）として慶喜に内大臣の職を辞すること、相当の封地を朝廷に差し出すことを求めてやまず、それが受け入れられないならば、慶喜を討つも辞せずとの姿勢を貫いた。討幕の密勅は西郷・大久保らにとってなお効力を失っていなかった。彼らは、幕末の政局において慶喜に何度も煮え湯を飲まされており、彼を無条件で政権に加えれば、政体構想そのものが骨抜きにされかねないと危惧していたのである。

〈**主要参考文献**〉

吉田常吉、佐藤誠三郎校注『幕末政治論集』(日本思想大系56)、岩波書店、一九七六
松岡英夫『大久保一翁—最後の幕臣』中公新書、一九七九
松浦玲『勝海舟』筑摩書房、二〇一〇
青山忠正『明治維新と国家形成』吉川弘文館、二〇〇〇
井上勲『王政復古—慶応三年十二月九日の政変』中公新書、一九九一
家近良樹『幕末政治と倒幕運動』吉川弘文館、一九九五
高橋秀直『幕末政治と天皇』吉川弘文館、二〇〇七

◎関連書籍紹介

高木不二『横井小楠と松平春嶽』(幕末維新の個性2)、吉川弘文館、二〇〇五
町田明広『薩長同盟論—幕末史の再構築』人文書院、二〇一八
家近良樹『江戸幕府崩壊—孝明天皇と「一会桑」』講談社学術文庫、二〇一四(同『孝明天皇と「一会桑」—幕末・維新の新視点』文春新書、二〇〇二の再版)

13章

【陸軍建設】

奇兵隊などの幕末の長州軍は、明治陸軍の源流か？

竹本知行

はじめに

「幕末の長州」というテーマは小説やサブカルチャーにおいてもたいへん人気がある。戦後日本を代表する国民的作家ともいうべき司馬遼太郎もそれを扱った多くの作品を残している。「司馬史観」ともいわれる彼の歴史を見る目は、多くの日本人の幕末・長州藩のイメージ形成に影響を与えていることは事実だろう。

たとえば司馬が幕末・維新期の日本、とくに長州藩を大村益次郎という人物をとおして描いた長編歴史小説に『花神』（新潮社、一九七二）があるが、そこでの位置づけは以下のようなものであった。

13章 【陸軍建設】奇兵隊などの幕末の長州軍は、明治陸軍の源流か？

長州藩　身分制打破・革命藩・疑似国民国家・明治国家の源流
奇兵隊　市民軍・明治陸軍の源流
四境戦争　藩内革命の輸出・長州藩内革命と明治維新の媒体

要は、長州藩が明治国家の、同藩の奇兵隊が明治陸軍のプロトタイプだというのである。はたして、ほかの司馬作品にもみられるこのきわめてわかりやすい図式は幕末軍事史の実相を真に表しているのだろうか。

「奇」なる軍隊

奇兵隊とはいかなる存在だったのか、我われはまずその成立過程を振り返っておかねばならない。長州藩が文久三年（一八六三）五月の攘夷決行と翌年の馬関戦争（四国艦隊下関砲撃事件）といった攘夷戦争にのめり込んでいった頃、藩政府は、一人の人物に対し、山口政事堂にいる藩主父子の元に出頭せよと沙汰した。その人物とは藩の尊攘激派の中心となっていた高杉晋作である。高杉は江戸出府中の亡命騒動や神奈川での外国公使襲撃計画、その後の京都での行状など、処罰されるべきことも多々あったなかで、とくに寛大な処置により十カ年の賜暇(しか)を得て隠棲(いんせい)中であった。攘夷戦争にあたって、行動力のある高杉への期待が膨らみ、その突然の登用が浮上したのである。

高杉は、藩主父子や重役連を前に、馬関(下関)防御の効果的解決策は何かとの下問に対し、寡を以(もっ)て衆にあたり「奇」を以て勝を制する新軍隊の創設の必要を説いた。すなわち奇兵隊である。奇兵隊のいう「奇」とは、藩の正規軍である「正」兵に対するものであるが、身分を問わず力量を以て尊ぶという、封建的身分秩序を自明のものとするこの時代にあって、文字どおり「奇」なる軍隊であった。この奇兵隊を皮切りに藩内ではさまざまな階層の人から成る「諸隊(しょたい)」が結成されていくことになった。

慶応期軍制改革の基本方針

長州藩はその後、幕府による第一次長州征討を受け、幕府にひたすら恭順する政権が成立したものの、それを潔しとしない高杉らが、「正義派」を自称し、クーデターを実行した。こうした藩内の内訌(ないこう)を経て慶応元年(一八六五)には徳川幕府との対決を顧慮した政権が成立し、軍制改革の断行による武備の充実をめざすこととなった。その軍制改革の中心に立ったのが、兵学者大村(おおむら)

益次郎（ますじろう）である。

大村は、幕府との決戦に備え、長州の防衛には、世禄（せいろく）（世襲の家禄）の士はもちろん諸隊を加えても不十分であるとし、新たに藩主導で軍役負担を庶民にまで及ぼすことを構想していた。それには、徴兵の規模や兵士の配属、さらには給与に至るまで藩が一元的に管理すべきことが重要だった。

大村はまず諸隊の統制強化に乗り出した。慶応元年五月二十一日、藩は諸隊に対し「農商兵規則」を達し、諸隊の定員、給与、訓練日数を定めた。そして調練の教官については、兵学校で人選したうえで各地に派遣するものとし、町奉行所の代官などが勝手に農兵を徴募することなどを厳に禁じている。そして、この達しのなかで優秀な農商兵に対し苗字（みょうじ）・帯刀（たいとう）を許可していることは注目に値する。この沙汰は、翌日にはその適用範囲が拡大される一方で、同月二十六日には諸隊総管に対し、諸隊の現在までの入隊者の姓名、宿所、年齢を委細確認し、来月十日までに山口政事堂へ報告するよう命じた。

つまり、これらの達しからも明らかなように、慶応期における奇兵隊などの諸隊は、藩の封建的身分秩序に対する「革命的」軍隊などとはけっしていえず、むしろ庶民の身分的上昇志向の藩軍事力のなかへの動員であったとみるべきであろう。その意味において、この時期の諸隊を市民軍のひとつの形態とする見方は合理性に欠ける。

もちろん農民や商人の軍務への動員はやがて身分秩序の打破につながっていくはずのものであったが、ここではまだその段階は想定すらされておらず、あくまで藩兵としての軍事力の強化が目的であった。大村による軍制改革の下、諸隊は藩の正規軍となり、農商兵を含む藩内軍事力の一元的統制が貫徹され、用兵上の合理化がいっきに進んだのである。

部隊編制の近代化

大村はまた部隊編制の改革も行った。長州藩の軍事力の中核は大組(おおぐみ)とよばれる家臣団だったが、彼はそれによる部隊編制を解体し、新たに百六十石以上千五十石以下の藩士に禄高に応じて従卒を提出させ、それによる銃隊を編制した。また、一千石以上の陪臣(ばいしん)をもって銃卒二個大隊を編制し、足軽を装条銃隊(そうじょうじゅうたい)(ライフルを装備した銃隊)として編制するなどの改革を断行したのである。これは画期的なことだった。古来武士が出陣する際は何人もの従者を連れていくものだったが、大村はこの中世的な戦のありさまを否定したのである。

大村は、こうしてできた陪臣銃隊を精強な部隊に成長させるべく、山口に屯集させ教練を施している。そして、兵士の平時における稽古費用や弾薬代などは元の主人に負担させる一方で、出征の際の装備や弾薬については藩が一括してそれを用意することとした。銃器などの規格統一や武器の一括管理は、近代戦遂行の大前提である。

士官教育

そして、戦時において軍を指揮する士官の教育も急務だった。長州藩は、慶応元年（一八六五）五月二十四日、実用に適した軍制の確立のため、藩兵に西洋銃陣を行き渡らせることを明示した。そして、当今の課題は歩・騎・砲兵の兵学教育と海軍の建設であり、下士官ならば用兵学（実戦での兵の動かし方）を第一にすべきことを新たな方針として打ち出した。

大村は、四カ月という短期間での下士官教育を完了させることを目的として、歩兵・騎兵・砲兵塾（三兵塾）の修業規則を定めた。それは三段階のカリキュラム構成になっており、第一段階では小銃・大砲の使用法や火薬の製造法を七十日間かけて学び、試験を受け第二段階に進む（不合格の場合はさらに三十日間の修業の後に再試験を受ける）。第二段階は五十日間かけて、仮に操練場での砲隊司令の任務を授け、生兵（せいへい）（未訓練兵）の指揮実習を行うかたわら、用兵学を修業する。そして、第三段階では用兵学を専修しつつ砲隊司令などに任命されるまで待機するとした。

同年六月二十四日、山口の兵学校が三兵学科塾（さんぺいがっかじゅく）と改称され、そこではいっそう高度な軍事教育が施されることとなった。そして、ここで戦術のテキストとして用いられたのが、大村が翻訳したオランダの兵書であるクノープ（W・J・Knoop）の三兵戦術書『兵家須知戦闘術門』だった。また、大村は戦術（「タクチーキ」）にとどまらず戦略（「ストラトギイ」）教育を施す三兵学科塾の規則も作成している。それによると、築城術を戦略教育の出発点として、士官に数理科学の素養を要求していたことがみてとれる。

武備の充実

幕府による長州再征が現実味を帯びるなか、長州藩では軍制改革による部隊編制・教育改革といった軍事力の充実とともに、物質的な意味での軍事力の増強もまた急務だった。対幕戦に必要な輸入兵器として想定されたものはとくに小銃だった。

小銃の更新は長州藩の長年の課題であったが、実戦を考えたとき、その重要性は言を俟たなかった。幕府が諸藩に長州再征を正式に下令したならば、圧倒的な兵力差で一挙に押し寄せることは必定であったため、長州では寄せ来る大軍を藩境で食い止めねばならなかった。それには、敵よりも優秀な兵器を持つことが不可欠だったのである。

当時、一部の藩や幕府歩兵を除いて、多くの藩は和流兵法に基づく旧式の軍組織を維持していた。そこで用いられる武具はといえば、剣や槍を中心としつつ、小銃も火縄銃が中心であった。開明的といわれる藩でさえもゲヴェールを配備するにとどまっているのが関の山といった状況であった。元治年間（一八六四〜六五）頃までの長州藩もその域を出てはいなかった。

しかし、ゲヴェールは発火装置に雷管を用いることで雨天での使用可能性を向上させた以外、構造的には火縄銃と大差なく、むしろ発火時に雷管を撃鉄で叩くことの衝撃によって命中精度にもやや難がつく銃であった。それゆえ、規格が統一されているという利点を活かし、横隊で弾幕射撃を行うなど集団戦によって効果を発揮することが期待されていた。

しかし、幕府の侵攻ルートに予想される各方面に大軍を割くのは長州藩の兵力からみて不可能であった。そこで大村が目を付けたのが新式のミニエー銃である。これは、一八四六年にフランス陸軍のミニエー大尉が開発したもので、火縄銃やゲヴェールの弱点を一挙に補う構造をもつ銃であった。銃身内部に緩い螺旋の溝が彫ってあり、従来の球形ではなく椎の実型の弾丸を使用する。従来どおり弾は銃口から装塡するため、弾丸の直径は銃身の内径より小さい。しかし、弾丸の底部が中空となっているため、発射時に発射ガスの圧力で銃弾の底部が拡張するとともに銃身内の溝に吻合し、弾丸はガス圧を漏らさず受けて、しかも一定方向に回転しながら発射されるというしくみである。これによって、有効射程を既存の銃の三倍強（四〇〇ヤード）まで伸ばしたのである。長州藩が寡をもって衆を制すためにはなんとしても欲しい小銃であった。

入手に際しては、幕府の妨害によりその輸入は困難を極めたが、折からの「薩長同盟」のもと、薩摩藩の名義貸しによる長州藩の小銃の買い入れが順調に進み、八月二十六日、ミニエー銃四三〇〇挺が薩摩藩の「胡蝶丸(こちょうまる)」で三田尻(みたじり)(山口県防府市)に陸揚げされた。

可能性と限界のはざま

慶応二年(一八六六)の四境戦争(第二次長州征討)は、しばしば近代的な長州軍が封建的な幕府軍を破ったと評される。たしかに戦術レベルではその指摘は当たっているといえる。

しかし、すでに述べたように四境戦争を前にした慶応期の軍制改革は、身分制に立脚する封建秩序における庶民の身分的上昇志向の、藩軍事力への動員であった。こうした社会的な点での矛盾は、ひとつの悲劇となって表れている。

第二奇兵隊は元の名を南奇兵隊といい、上関(かみのせき)地域を中心に結成された諸隊のひとつである。もともと、第二奇兵隊に限らず、血気盛んな若い隊士が多い諸隊では、隊内での紛争がよく起きていた。加えて、慶応の軍制改革のなかで、藩政府の諸隊への統制は強化され、厳格な調練規則の下で隊士らは窮屈な思いをしていた。しかも、隊の定員も制限されたことで、隊士同士で雇用を分け合わざるをえなくなるなど、「武士」になれたと思っていた隊士が、在営時以外は農事に戻ることを余儀なくされたのである。そうした一方で、藩当局からのミニエー銃などの武器の配備は遅れており、隊では不満が渦巻いていた。

この不穏な空気が脱隊事件として爆発したのである。きっかけは前日に起こった隊士と岩国領農兵との小さな小競り合いであった。隊士は、他領の農兵と問題を起こしては容易ならざることになるという上級幹部の静止を弱腰だと非難し、その対立が発火点となった。

不幸なことに、この頃隊にはあらゆる軋轢や不満が渦巻いていた。まずは、待遇改善などを藩庁に強硬に要求することの可否。次に、第二奇兵隊の中核を成す士分出身者と農商出身者の不和。そして、広島を舞台にした幕府との神経戦ともいうべき外交交渉に対する是非。これらを背景に隊内の激派は今回の問題を拡大させたのである。

彼らは、隊の参謀を殺害し、その首を出陣の血祭りにして、反乱軍となった。脱走兵ははじめ九十六名だったが、途中から膨れ上がり百五十名ばかりになったという。

首謀者は、備前近辺で五万石ほどの領地を襲って奪い取り、それを拠点に討幕の狼煙を挙げるという目標に突き動かされていた。天誅組の変や生野の変のごとく、自らが討幕の魁となる軍事行動を起こすことで、全国の有志に蜂起を促すというものだったのである。

反乱軍は慶応二年四月十日、倉敷の幕府代官所を襲ってこれを焼き打ちにした。襲撃の目的は代官の誅殺だったが、代官は不在で、代官所にいた役人ら十一名が殺傷された。

倉敷の代官所を襲った反乱軍は、襲撃後、武器弾薬などを奪うために備中の総社に向かった。しかし、同地に派遣された広島駐屯の幕府軍の攻撃に遭って敗走した。反乱軍の首脳陣は長州に戻って再起を期すことにしたが、藩当局は、これら脱走兵を、敵前逃亡という重大な軍律違反を犯した廉(かど)で捕縛し、斬罪処分とした。脱走兵処罰者の合計は、主謀者二名の斬罪を含めて八十一名であった。

おわりに

長州藩の慶応期軍制改革を主導した大村は、戦術レベルにおける近代化を推進することで、封建的社会システムと近代軍制との齟齬(そご)を回避した。長州諸隊の近代性はその萌芽(ほうが)をみることはできても、少なくとも諸隊は明治陸軍のプロトタイプとはいえない。西洋兵学に習熟した大村は、真の意味での近代軍制は国家的統一が達成されて初めて実現されるものであることを自覚していた。武士による軍務専行主義を排し広く国民一般を基盤とする「新しい」軍隊の建設は、明治新時代における身分制の解体という社会改革を待たねばならなかった。そのため、維新後に大村が解体の対象とした「古い」軍隊には奇兵隊をはじめとする長州諸隊も含まれていたのである。

明治二年(一八六九)、大村の進めようとした兵員整理に反発した奇兵隊士が「脱隊暴動」とよばれる大反乱を起こしたが、その性質は慶応二年の第二奇兵隊の反乱と同根のものであり、幕末諸隊と明治陸軍の間に横たわる「断絶」を表しているのである。

〈主要参考文献〉
浅川道夫『明治維新と陸軍創設』錦正社、二〇一三
竹本知行『幕末・維新の西洋兵学と近代軍制—大村益次郎とその継承者』思文閣出版、二〇一四
同『大村益次郎—全国を以て一大刀と為す』ミネルヴァ書房、二〇二二

◎関連書籍紹介
海原徹『高杉晋作—動けば雷電のごとく』ミネルヴァ書房、二〇〇七
竹本知行『大村益次郎—全国を以て一大刀と為す』ミネルヴァ書房、二〇二二
三宅紹宣『幕長戦争』吉川弘文館、二〇一三

14章

【海軍建設】

幕府海軍は明治政府へ引き継がれたのか？

金澤裕之

はじめに

日本海軍の創設と聞いて想起されるものは何かと問われれば、多くの方が東郷平八郎や山本権兵衛の名とともに「薩の海軍」を挙げるのではないだろうか。そしておそらくその背景には、日本の近代海軍は明治維新後に誕生したというイメージがある。

一方、近年幕末維新期の海軍研究は発展著しく、従来の通説と異なる海軍像が提唱されるようになってきた。なかでも、一般的には明治維新の敗者と位置づけられる江戸幕府が創設した海軍（幕府海軍）が、日本の海軍建設に果たした役割に注目が集まっている。

本章では幕府海軍は明治政府へ引き継がれたのかという論点で、構想・制度、艦船、施設、人材、それぞれの側面からこの点をみていきたい。

近代海軍への転換を図った運用構想と人事制度

海軍とは海洋、河川、湖沼などの水上・水中で活動する軍事力の総称であり、戦国時代に日本各地で活躍した海賊、水軍も広義の海軍である。イギリスの海軍史家マイケル・ルイスは、このなかでも「恒久的な組織で国家の所有に属し、国家の支出により維持される、海上を活動の舞台とする軍事力」を近代海軍と定義した。日本における近代海軍の誕生を論じるには、幕末維新期までさかのぼる必要がある。

一八世紀末以降、相次ぐ外国船の日本来航を受けて洋式軍艦に対抗できる軍事力の必要性が認識されるようになった(海防論)。水軍の系譜を引き、幕府や諸藩の海上軍事力を担ってきた「船手(ふなて)」は西洋諸国の近代海軍に対して実効的な軍事力たりえず、軍事力強化は当初海岸砲台(台場)建設が中心となった。やがて自由自在に進退できる軍艦は機動性を欠く台場に優越するという考え方が生まれ、洋式軍艦とくに蒸気軍艦の導入が試みられるようになる。そのなかでも最大の規模で行われ、それゆえもっとも深刻に江戸時代の軍事制度(近世的軍隊)との相克に直面したのが幕府である。

近世的軍隊とは武士が知行（主君から与えられた領地）に応じて主君から課される軍事的義務（軍役）に基づき、それぞれの知行収入で編成した戦力の集合体である。その性質上、徳川将軍を頂点とする近世的軍隊の指揮系統は重層的で複雑なものとなる。一方、近代軍隊は司令官から末端の兵までの一元的な指揮系統により初めて運用可能となる。おそらく海軍建設計画や実際の艦船運用を通じてその点に気づいた幕府海軍は、幕府という近世的な官僚機構のなかで一元的な指揮系統の確立を志向し苦闘を重ねる。文久二年（一八六二）の文久の改革において幕府海軍は各藩が軍役として一隻、二隻と軍艦を保有するのではなく、諸藩が禄高に応じて海軍費用（兵賦）を拠出し、これを財源に大規模な海軍を建設し、幕府が一元的に運用する構想を提示した。

この構想は兵賦への反発もあって廃案となるが、近世的軍隊の原理を否定し、近代海軍の建設を志向した点で、明治政府による一元的な指揮系統をもつ海軍建設の前史として重要である。なお、この建議では全国を六管区に分け、それぞれに艦隊を配備する構想が示された。幕府の終焉によりこの構想は未完に終わるが、明治十九年（一八八六）に制定された海軍で全国の沿岸部は第一から第五の海軍区に区分される。

また、近世的軍隊から近代海軍への転換を考えるうえで指揮系統と並んで重要なのが、士官任用の基準が家禄・家格から、個人の能力へと変わった点である。たとえば幕府で船手頭を世襲する向井氏の当主は、若年・未熟であろうとも家督を継げば一手を率いる身となる。一方、近代海軍の士官は経験・能力に応じて下級士官から昇進していき、その職務に耐えうると判断された者が艦長や司令官へ任命される。日本史上初めて軍艦を海外へ派遣した万延(まんえん)元年(一八六〇)の咸(かん)臨丸(りんまる)米国派遣以降、明確にこうした士官任用を志向するようになった幕府海軍は、近世的軍隊の論理との軋轢(あつれき)に苦しみながら、その最末期には個人の能力本位の人事制度を確立する。これは日本の軍制史上、画期的な出来事であった。

後で述べる幕府海軍から明治海軍への人的連続性を考えると、こうした構想・制度が幕府海軍から明治政府へ引き継がれていったと考えることができるだろう。

艦船運用の経験――「血であがなったノウハウ」

ゼロから近代海軍を建設するには艦船、それを整備・修理し、所要の物資を補給する設備・施設、それらを運用する人員のすべてを同時並行で作りあげていかなければならない。

まず艦船からみていこう。日本における洋式軍艦導入の試みは幕府によって和洋折衷型の小型帆船が建造された一九世紀半ばにはじまるが、本格的な大型軍艦を建造するには和船の建造技術では不十分だった。ましていまだ産業革命を経験していない幕末の日本で蒸気軍艦を建造するのは至難の業であったことはいうまでもない。数隻の試作的な建造が行われつつも、初期の蒸気軍

日本初の本格的な蒸気軍艦「観光丸」の復元模型（船の科学館所蔵）

艦導入は外国からの輸入に頼るほかなかった。

日本最初の本格的な蒸気軍艦は安政二年（一八五五）にオランダ国王から幕府へ献呈された「スームビング」（日本名「観光丸」。四〇〇トン、一五〇馬力）である。幕末期に海外から日本へもたらされた蒸気船の数を神谷大介氏の研究に基づいて算出すると、軍艦・商船合わせて八十四隻、このうち二十七隻が幕府艦船である（神谷：二〇一八）。また、幕府海軍はこの間に日本初の国産蒸気軍艦「千代田形」（一三八トン、六〇馬力）を建造している。これらの艦船が明治海軍へ引き継がれてその基礎になったといいたいところだが、幕府海軍艦船の多くは海難事故や戊辰戦争（一八六八～六九年）で失われ、明治海軍へ移管されたのは五隻にすぎない。

船数以上に幕府海軍と明治海軍の艦船面の連続性で重要なのは運用経験であろう。輸送、警備、教育など平時の航海任務、第二次長州征討（幕長戦争。一八六六年）や戊辰戦争における作戦行動、こうした艦船運用を幕府海軍は手探りで行い経験を積んでいった。それと同時に幕府海軍は艦船運用能力の未熟から、座礁などでじつに多くの船を沈めている。その最たるものは箱館戦争における榎本武揚艦隊の旗艦「開陽」（二五九〇トン、四一〇馬力）の座礁・沈没だろう。そうした成功と失敗両方の経験を積んだ幕府海軍の将兵たちの一部は、その経験を携えて明治海軍に参加する。明治海軍が創設当初から比較的スムーズに艦船を運用できた背景には、彼らの「血であがなったノウハウ」があったと考えることができよう。

艦船造修施設の建設——横須賀製鉄所

蒸気船は小型の木造帆船が大半を占める和船より喫水（水上にある船舶の船体が水面下へ沈む深さ）が深く、港湾適地が和船用の港より限定される。船体や機関を整備・修理する施設も必要になる。加えて、西洋諸国と異なり陸上の蒸気機関車に先んじて蒸気船を導入した日本では、燃料となる石炭を備蓄し、供給する給炭施設の設置も艦船導入と同時並行で進めなければならなかった。そうした後方機能整備に要する経費は莫大であり、明治維新前にそうした大規模な事業を行

1868年頃に撮影された横須賀製鉄所（「横須賀製鉄所製図工長メラング家伝来資料」より。横須賀市自然・人文博物館所蔵）

いうるのは、巨大な行政機能と財政基盤をもつ幕府だけだった。

幕府は当初この機能を浦賀（神奈川県横須賀市）へ置く。幕府海軍が根拠地とする江戸に近く、また当時商港として繁栄していた浦賀は軍港適地であるかに思われたのである。しかし、じつは商港としての繁栄こそが浦賀に軍港を置く大きな障害であった。たとえば幕府軍艦が浦賀へ入港して船体の整備を湾内で行う間、浦賀の商業活動は停止させざるをえず、これは浦賀の商人たちにとり迷惑極まりないことだった。軍港と商（漁）港の競合は、海事（海洋利用に関する人類の活動全般）における海軍とその他の分野との普遍的な問題である。商人たちの嘆願により浦賀の軍港化を断念し、ほかに軍港機能を置く場所を探さなければならなくなった幕府は、フランス公使 レオン・ロッシュの勧めを容れて浦賀に隣接する横須賀の地を選定する。

慶応元年（一八六五）、幕府はフランスからレオンス・ヴェルニー技師を招聘し、勘定奉行小栗忠順の主導で艦船造修施設の建設を始めた（横須賀製鉄所）。これは幕府瓦解までに完成せず、明治四年（一八七一）に工部省所管の横須賀造船所として竣工、組織改編を経て同三十六年に横須賀海軍工廠となった。これが今日まで続く軍港都市横須賀の誕生経緯である。

横須賀製鉄所建設を企図するにあたり、小栗忠順は巨額の費用を心配する目付の栗本瀬兵衛（のちのジャーナリスト栗本鋤雲）へ「これが完成すれば土蔵付き売家の栄誉を残せる（猶ほ土蔵附賣家の栄誉を残す可し）」と語ったという。小栗は幕府崩壊が不可避であると悟りつつ、横須賀製鉄所が幕府の新時代への遺産になると考えていたのである。小栗は維新の混乱のなかで非業の死を遂げるが、横須賀海軍工廠は海軍有数の造修施設となり、戦艦「陸奥」、空母「飛龍」「翔鶴」など日本海軍を代表する軍艦が建造された。小栗の予見は見事に的中したのである。横須賀港に臨むヴェルニー公園では、小栗とヴェルニーの銅像が今も港内を見守っている。

明治海軍を支える人材の供給源

艦船や設備・施設は経費をかけさえすればすぐ調達できるが、一定の技量を持つ人材となると長期間にわたる教育や経験の蓄積が必要となるのはどの分野でも変わらない。近代海軍建設にあたり、もっとも重要かつ困難だったのが人材養成であった。

安政二年（一八五五）に長崎で日本史上初の近代海軍教育が開始された（長崎海軍伝習）。幕府の要請を受けてオランダが派遣した教官団により行われたこの教育は、教官団・伝習生の交代をはさみながら、同四年に江戸へ海軍行政、運用、教育のすべてを司る軍艦操練所（初名は軍艦教授所）が置かれたことにより同六年に取りやめとなるまで、足かけ五年にわたり続いた。ここで教育を受けた伝習生から勝海舟、榎本武揚ら、海軍第一世代ともいうべき人材が輩出される。

長崎海軍伝習は幕府海軍の基幹要員養成が主たる目的だったが、その教育成果は幕府海軍だけにとどまらない。諸藩の派遣学生も受け入れられ、その多くは帰藩後に自藩の海軍建設を担う人材となった。彼らが作りあげた諸藩海軍は明治海軍を支える人材の供給源となる。たとえば第二代・第四代海軍卿（内閣制度以前の海軍省トップ）の川村純義（薩摩）、第五代海軍軍令部長の中牟田倉之助（佐賀）は長崎海軍伝習出身、日清戦争で連合艦隊を率いた伊東祐亨（薩摩）は、勝海舟が主導して開設した幕府の神戸海軍操練所に併設された勝の海軍塾出身である。

また、明治海軍を担ったのは明治維新の勝者たる西南雄藩出身者ばかりではなく、幕府海軍出身者の存在も見落とせない。明治海軍で活躍した幕府海軍出身者というと、勝海舟（初代海軍卿）、榎本武揚（第三代海軍卿）、赤松則良（初代佐世保鎮守府司令長官）、肥田為良（海軍機技総監）ら顕職に昇った者が挙げられがちであるが、より重要なのはこうした一部の高官ではない。

兵部省から陸軍省と海軍省が分立した明治五年の『官員録』に記載された海軍省職員の本籍地を類別すると、二九・三パーセントが旧幕臣（徳川宗家が立藩した静岡藩出身）と推定される。薩摩出身者一四・九パーセント、長州出身者五・七パーセント、佐賀出身者五・五パーセントと比べて突出した数字である。薩摩出身者が海軍の要職を占めて「薩の海軍」を形成する一方、幕府海軍出身者はその多くが佐官・同相当官以下の階級で実務を支える、そんな構図が黎明期の日本海軍に存在していたのである。

幕府海軍の遺産がもたらしたアドヴァンテージ

以上の点から、ゼロから近代海軍を創設することとなった幕末日本において、幕府海軍はたんに幕府の軍事活動のみにとどまらない役割を果たしたといえる。その歴史は十三年間という短いものだったが、さまざまな事業の成果、あるいは中途に終わった取り組みの多くは明治海軍へ引き継がれ、明治海軍が比較的短期間で成長していく原動力となった。卑俗な言い方をするならば、明治海軍は幕府海軍からの「居抜き」でスタートしたのである。

明治二十七年（一八九四）、日清戦争で日本と清国の艦隊が相まみえた黄海海戦で、伊東祐亨率いる日本海軍の連合艦隊は、「定遠」「鎮遠」という二隻の巨艦を擁する優勢な清国北洋水師（艦隊）を打ち破る殊勲を挙げた。日本海軍の勝因はいくつか挙げられるが、ひとつには海軍建設にかけられた時間の差があるだろう。清国が福州船政局（福建船政局とも）を設置して近代海軍建設に乗り出したのは、長崎海軍伝習開始から十一年後の一八六六年のことである。

もし幕府海軍十三年間の助走期間がなければ、日本海軍は軍艦運用能力や人材の厚みにおいて清国を圧倒することはできなかっただろう。幕府海軍は明治海軍に引き継がれ、近代海軍として完成するに至ったのである。

〈主要参考文献〉

金澤裕之『幕府海軍の興亡―幕末期における日本の海軍建設』慶應義塾大学出版会、二〇一七
神谷大介『幕末期軍事技術の基盤形成―砲術・海軍・地域』岩田書院、二〇一三
同『幕末の海軍―明治維新への航跡』吉川弘文館、二〇一八

◎関連書籍紹介

金澤裕之「海軍草創期のリーダーたち―木村喜毅、榎本武揚、川村純義」（伊藤之雄編著『維新の政治変革と思想―一八六二〜一八九五』ミネルヴァ書房、二〇二二）
同『幕府海軍―ペリー来航から五稜郭まで』中公新書、二〇二三
神谷大介「戊辰戦争の海軍力と基地機能―江戸・東京近海の榎本艦隊をめぐって」（奈倉哲三・保谷徹・箱石大編『戊辰戦争の新視点 下 軍事・民衆』吉川弘文館、二〇一八）

コラム

維新直後に主導された京都の近代化——明石博高と「お雇い外国人」

東京奠都にともない経済的に衰退した京都

幕末から明治にかけ、政府や各府県によって多数の「お雇い外国人」が雇用された。彼らは、日本の近代化に必要な西欧の技術・学問・制度など先進技術や知識をもたらしたほか、滞在を通じて日本人に海外の生活習慣を紹介し、また反対に日本の文化を海外に紹介する役割をも果たした。

明治元年（一八六八）新政府が成立、翌年には戊辰（ぼしん）戦争も終結した。東京奠都（てんと）にともない、京都の経済は大きく衰退。しかし、その低迷期に西欧の技術・学問を取り入れ、文化や産業の振興で脱却しようと尽力した人びとがいた。京都府参事（のちに知事）の槇村正直（まきむらまさなお）、顧問の山本覚馬（やまもとかくま）、そして青年蘭方医の明石博高（あかしひろあきら）だ。彼らは日本初の学区制小学校設立を皮切りに、勧業場（かんぎょうじょう）（産業振興の中枢機関）、舎密局（せいみきょく）（理化学研究施設）、療病院などを建設し、驚異的なスピードで革新的施策の推進を図った。とりわけ実働的に推進役を果たした明石は、「お雇い外国人」との密なる連携のもとで京都の近代化を力強く先導した。

「お雇い外国人」と推し進めた理化学革新、医療振興

明治政府は初動の年、オランダ出身の理化学者クンラート・ハラタマを派遣して大阪舎密局の開設準備に着手。同局ではオランダから輸入した器具や薬品を用いて数多くの実験が行われた。大阪医学校の薬局主管を務めていた明石は助手としてハラタマに師事、彼の強い進言により明治三年には京都にも舎密局が開設した。明治六年、鴨川西岸の夷川土手町に本館が新築落成、清涼飲料「リモナーデ」や酒類、日本初の「石鹸」「サラシ粉」「氷砂糖」などを製造して、運営の主たる財源とした。明治八年には京都司薬場（官立の薬品検査機関）が併設され、オランダ陸軍の薬剤官アントン・ヨハネス・ヘールツが招聘された。ヘールツはおよそ二年間、明石と協同して京都に理化学技術・教育の基礎を根づかせた。その後に着任したドイツ出身の化学者ゴットフリード・ワグネルは、局内に化学校を新設。理化学一般について講義するとともに七宝、ガラス、ビールの製法など、諸般の工業化学や薬品製造の実地指導を行い、多くの優れた日本人理化学者を輩出した。

少年期より東西医学を深く学び育った明石は、近代化の鍵は医療振興にあるとも考えた。そこで、明治三年には種痘館・療病館における検黴（梅毒の検査）導入に着手。その後、外国人教

師を招聘して洋式病院と医学校を興すべきと府に申議、僧侶たちの援助のもと誕生したのが京都療病院である。療病院にはヨンケル・フォン・ランゲッグ、エルンスト・フォン・マンスフェルト、ボート・ショイベという三名の外国人医師が着任し、明治五年以降、診療に加えて麻酔学、解剖学、外科学、内科学などの講義を担当。病院の発展と近代医学教育に多大な貢献をした。明治八年には日本最初の公立精神病院・京都癲狂院(てんきょういん)も創られ、明治初期の京都では、全国に先駆けて身体・精神双方の近代的医療体制が整備された。

(光平有希)

〈主要参考文献〉

明石厚明編『静瀾翁明石博高略伝』明石厚明、一九一六

田中緑江編『明治文化と明石博高翁』明石博高翁顕彰会、一九四二

◎関連書籍紹介

松田清、フレデリック・クレインス、光平有希『明石博高―京都近代化の先駆者』(企画展図録)、国際日本文化研究センター、二〇二二

松田清、フレデリック・クレインス、川勝美早子、光平有希『明石博高と島津源蔵―京の近代科学技術教育の先駆者たち』(企画展図録)、国際日本文化研究センター、二〇二〇

第4部

「幕府の終焉」と「戊辰戦争」は自明だったのか？

15章

【薩長同盟】

倒幕のための軍事同盟ではなかったのか？

町田明広

薩長同盟の解釈の違いはなぜ生まれるか？

幕末維新史における画期として、必ず取り上げられるのが薩長同盟（薩長連合、薩土盟約、島津家盟約）である。『山川歴史総合用語解説』（山川出版社、二〇二二）によると、「第二次長州征伐に当たり、結ばれた薩摩・長州両藩の同盟」であり、「坂本龍馬・中岡慎太郎らの斡旋」によって「相互援助を約し、倒幕の主力を形成した」と、高校生は薩長同盟を理解する。おおまかな理解としては問題ないが、これに明治期以降のフィクションが加わり、一般的な理解としては、坂本龍馬の仲介によって西郷隆盛と木戸孝允が締結した軍事同盟ということになる。

歴史学の学会では、さらに踏み込んで、薩長同盟が本当に軍事同盟であったのか、つまり歴史

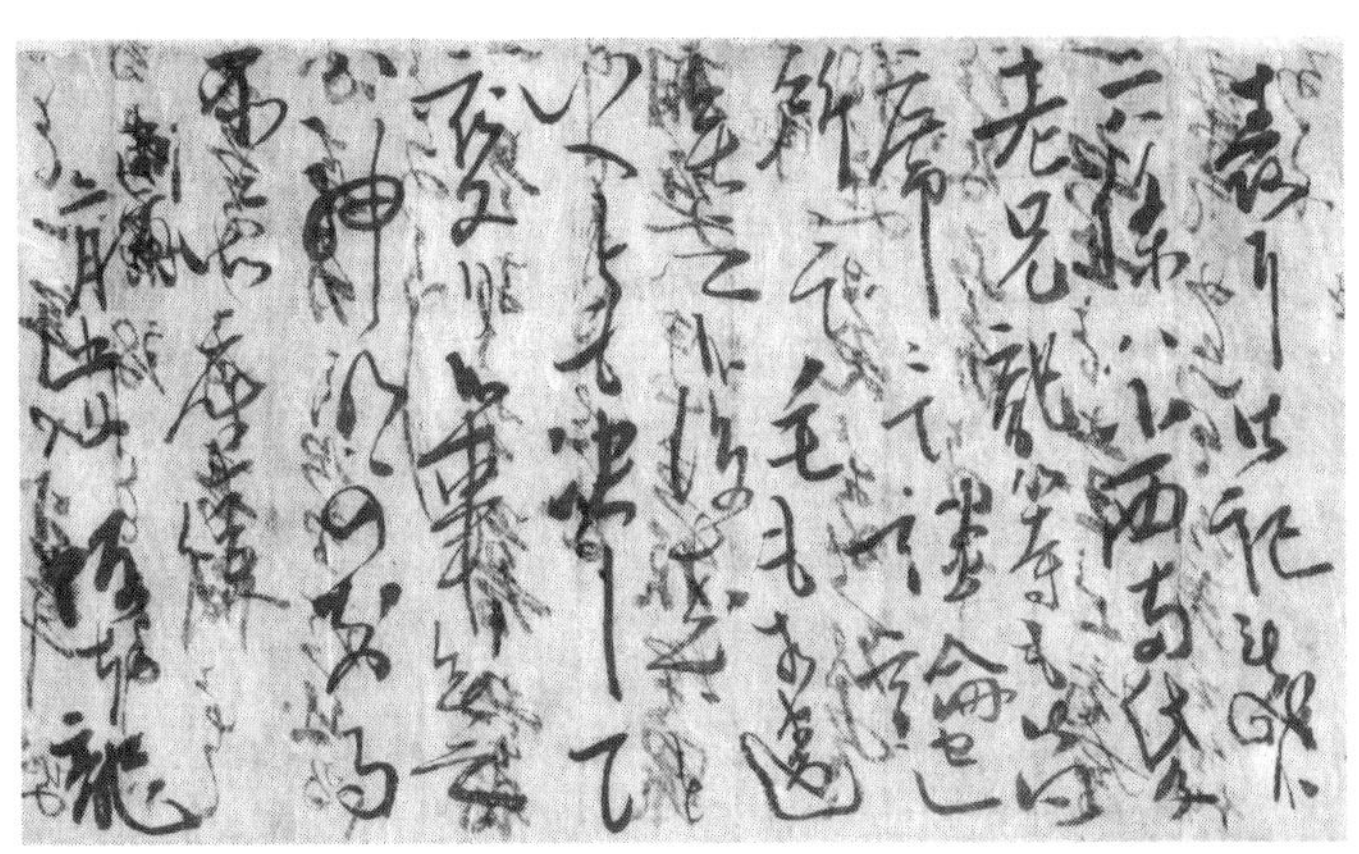

尺牘（龍馬裏書）。木戸孝允が薩長同盟の内容を６項目にまとめて確認を求めた手紙（尺牘）に、坂本龍馬が内容に相違ないと、朱書で返答したもの（宮内庁書陵部所蔵）

的意義がどの程度のものか議論がさかんに行われており、坂本龍馬の役割や締結日などの論争も存在する。ところで、薩長同盟に関する確実な史料としては、宮内庁が所蔵する「尺牘（龍馬裏書）」しか存在しない。しかし、その解釈は歴史学者でも分かれてしまう。その最大の理由は、当時の錯綜した政治状況および薩長両藩の内部事情の理解に歴然とした差があるからであろう。

本章では、薩長同盟の成立過程を一次史料の木戸孝允書簡（坂本龍馬宛、一月二十三日）・吉川家史料（『吉川経幹周旋記』）・「桂久武日記」などを使用して明らかにし、かつ当時の政治状況や薩長両藩の内的動向を考察し、薩長同盟の真の意義に迫りたい。

木戸の上京と薩長会談

慶応二年（一八六六）一月八日、木戸は薩摩藩の黒田清隆に誘導されて入京した。黒田は西郷の指示を受けたわけではなく、脱藩同然で長州藩に潜入して木戸を説得し、同行を実現したため、上方の薩摩藩要路にとって、木戸上京は突発的な出来事であった。木戸は、藩主の実父で最高権力者である島津久光の名代として、在京藩士を統率する家老小松帯刀邸に滞在し、政治交渉に臨んだものの、当初の交渉はきわめて難航した。小松・西郷は、ほどなく幕府から長州藩に沙汰される、禁門の変などに対する処分内容の受諾を勧めたが、木戸は断固として拒否する姿勢を崩さなかった。

西郷は木戸に対し、幕府の処分を耐え忍んで受け入れることを促し、嫌疑が解消して藩主が上京した際、薩摩藩は協働して復権に向けた周旋を実行すると明言した。しかし、木戸は第一次長州征討における三家老の切腹で処分は完了したとの主張を繰り返し、西郷の提案には断固として同意しなかった。それどころか、木戸は薩摩藩の長州再征の阻止に向けた周旋に不満を漏らし、藩主父子の官位復旧、つまり長州藩の復権に向けた周旋が実行されていないとなじり、薩摩藩のよりいっそうの尽力を強硬に要求した。

長州征討後の幕府の矛先が薩摩藩に向かうことへの警戒心から、久光は藩地に割拠して、貿易の振興や軍事改革・武備充実による富国強兵をめざし、幕府から距離をおいて将来の戦闘に備えるという抗幕志向を明確にしていた。それを貫くには、長州藩の存続が必須であり、連携パートナーとして最適であった。しかし、幕府の強い嫌疑のなかで、これまで以上に関係を悪化させてまでも、薩摩藩から長州藩にすり寄る必要は皆無であった。さらに、幕府には長州再征を行うだけの武威を失っており、現実問題として、武力衝突を本心では望んでいないと確信していた。

木戸の思惑と龍馬の登場

慶応二年(一八六六)一月十四日、家老桂久武は小松邸に赴いて初めて木戸と対面し、小松も交え時間をかけて国事について話し込んだ。小松・桂は木戸の意向に沿うことを決定したが、これは最高権力者の久光にとっても許容範囲であると判断したことによる。小松らは長州藩をパートナーとして抗幕姿勢を貫き、廃幕を志向する薩摩藩にとって、長州藩の復権に加担する程度のことは、既定路線からそう逸脱するものではないと考えた。そして、薩摩藩要路と木戸との薩長連携に向けた国事会談は十八日に設定された。

一月十八日、夕方から深夜に及ぶ会談が行われた。薩摩藩からは小松・桂・島津伊勢(いせ)の三家老、西郷・大久保利通・吉井友実・奈良原繁の四要路、合わせて七名が参集し木戸と国事について議論が交わされた。ここでも、木戸は同様な主張を繰り返し、薩摩藩に対してよりいっそうの尽力を強硬に迫ったと考える。薩摩藩はすでに決定していた方針に則り、長州藩が処分内容を拒否することを黙認すると同時に、長州藩復権への周旋を行う方針を開示した。そのうえで木戸と議論を深めて、二十三日に木戸が龍馬に示した六箇条の内容をほぼ十八日に決定したと捉える。

ところで、この会談での長州藩からの出席者は木戸だけであり、薩摩藩側が取り決めを反故にした場合、それを立証し反論することは不可能であった。しかも、藩政府に報告した際、口頭でのやり取りのみでは信憑性がきわめて低く、そこで木戸は六箇条の内容を成文化して、長州藩に持ち帰りたいとの意向を抱いた。なにより、木戸が藩政府のイニシアティブを今後握るためにも、確固たる連携の証拠が必須であった。

このタイミングでの龍馬の登場は、木戸にとってこの上もない僥倖になった。二十日夜、龍馬はひそかに入京し薩摩藩邸に入った。翌二十一日には小松邸に移り、通説ではその日に龍馬の周旋によって六箇条が、つまり薩長同盟が成立したとされる。しかし、十八日の会談でこの六箇条のアウトラインは成立しており、龍馬の周旋によって事態が進展した事実はない。木戸はなんとしても確固たる六箇条の証明を欲しており、龍馬を政治的に利用することになる。木戸は長州に戻る出発前の慌ただしい半日ほどの間に、居合わせた小松・西郷、そして龍馬の前で、十八日会談で成立した六箇条のアウトラインを確認しながら話し、確固たる六箇条にした。

木戸が龍馬を証人にした理由は、長州藩要路は龍馬を薩摩藩士として認識しており、この間、つねに薩摩藩の使者として長州藩に派遣された唯一の人物であったことによる。木戸から龍馬に送られた書簡に記され、その内容を龍馬が確証したことにより、薩長同盟六箇条が成立した。

ところで龍馬が会談に加わるまで、国事の話はなされておらず、六箇条の成立は龍馬の周旋であるとする見方がある。しかし、以上のとおり、十八日に六箇条のアウトライン成立、二十一日に龍馬を証人として六箇条の確認、二十三日に明文化されることによって六箇条の確定と考えるのが妥当である。なお、龍馬が木戸・西郷間を周旋して「薩長同盟」を成し遂げたとする一次史料は存在せず、すべて明治以降の創作にすぎない。

薩長同盟六箇条の内容

六箇条の内容について、見解を述べる前に確認のため、まずは煩をいとわず全文を掲げる(「尺牘〈龍馬裏書〉」から引用。便宜的に適宜、番号を付して新字体に改め、読点「、」と並列点「・」を施した)。

①戦と相成候時ハ、直様二千余之兵を急速差登し、只今在京之兵と合し、浪華へも千程ハ差置、京・坂両所を相固め候事、

②戦自然も我勝利と相成候気鋒有之候とき、其節朝廷へ申上、屹度尽力之次第有之候との事、

③万一戦負色に有之候とも、一年ヤ半年ニ決て潰滅致し候と申事ハ無之事ニ付、其間ニは必尽力之次第屹度有之候との事、

④是なりにて幕兵東帰せしときハ、屹度朝廷へ申上、直様冤罪ハ従朝廷御免に相成候都合ニ、屹度尽力との事、

⑤兵士をも上国之上、橋・会・桑等も如只今次第ニて、勿体なくも朝廷を擁し奉り、正義を抗ミ、周旋尽力之道を相遮り候ときハ、終に及決戦候外無之との事、

⑥冤罪も御免之上ハ、双方誠心を以相合し、皇国之御為ニ砕身尽力仕候事ハ不及申、いづれ之道にしても、今日より双方皇国之御為皇威相暉き、御回復ニ立至り候を目途ニ誠心を尽し、屹度尽力可仕との事、

六箇条の主たるポイントは、長州藩が幕府の処分を承諾しないことを前提に、幕長戦争（第二次長州征討）を想定した、薩摩藩による長州藩（藩主父子）の復権を朝廷に周旋することを約束した点にある。また、幕長戦争が開始されても、薩摩藩は中立を守ることも言外に示している。全

体として、薩摩藩の既定方針から外れておらず、久光から容易に事後承認を得ることができる内容となっており、軍事同盟にはほど遠いレベルにある。

第一条について、薩摩藩の藩是は朝廷守護であり、幕長戦争が勃発した場合、多数の藩兵が御所を守るために派遣されることは当然であった。その兵数も二千にとどまり、前後の事例からしても突出しておらず、薩摩藩の既定路線から逸脱していない。もちろん、上方にこれだけの兵力が配置されれば、長州藩が利することは自明である。会津(あいづ)藩の薩摩藩への嫌疑は著しく、再征時にがら空きとなった京都で薩摩藩が挙兵することを恐れ、幕府軍の兵力を幕長戦争に集中できなかった。薩摩藩の既定路線とはいえ、長州藩にとっては大きな援護射撃となり、木戸が事前に薩摩藩の方針を確認したことは、戦略のうえで多大なプラスとなった。

第二から四条では、幕長戦争で長州藩が勝利の場合、敗戦の場合、そもそも幕長戦争自体がない場合、各ケースにおける長州藩復権に向けての薩摩藩の周旋活動の約束である。それまでも、薩摩藩は寛典処分を唱えており、嫌疑が深まるとはいえ、それほどの負担ではなく、加えて結果が伴わなくても、薩摩藩は責任を取る必要はなかった。

第五条について、長州藩が率兵上京した際、一会桑(いちかいそう)勢力が朝廷を傀儡(かいらい)にしたまま、薩摩藩の長州藩復権に向けた周旋活動を妨害した場合、幕府勢力と「決戦」するとした。しかし、二〇一七年に「京坂書通写慶応二年丙寅一月」(鳥取県立博物館所蔵)が発見されたことで、木戸書簡(龍馬宛、一月二十三日）で使用された「決戦」ではなく、薩長会談では「周旋」と話されていたことが確認できた。木戸はあえて「決戦」と置き換えて、薩長連携の強固さを演出し、さらに薩摩藩の決意をよりいっそう促したと考える。

ところで、薩摩藩が「決戦」という語彙（ごい）を使用した第五条を受け入れた背景について、長州藩の率兵上京は時期尚早と捉えていた。当時、長州藩は第一次長州征討とその後の内訌（ないこう）と凶作が重なったことから、一揆の兆しがみられるなど不穏な情勢にあり、軍夫などの調達が困難な状態にあった。加えて、大村益次郎（おおむらますじろう）による軍制改革も道半ばにあって、率兵上京は困難であった。薩摩藩は龍馬などを通じて、長州藩の動向を一定レベル以上に把握しており、実際に率兵上京は起こりえず、一会桑勢力と戦闘に至るとは微塵（みじん）も感じていなかった。つまり、第五条は薩摩藩にとって、リップサービスの域を出ない。

第六条では、薩摩藩の周旋活動が成功し、長州藩が復権した以降の両藩の方針を示しており、一致協力して皇国のために粉骨砕身して、尽力することが謳（うた）われている。しかし、非常に抽象的な目標であり、王政復古を示唆しているものの、当たり障りがない内容にすぎず、六箇条をまとめるために加えられた条項である。

「小松・木戸覚書」への名称変更を提示する

六箇条を検討してきたが、長州藩をパートナーとして抗幕姿勢を貫き、廃幕を志向する薩摩藩にとって、長州藩の復権に加担する程度のことは既定路線からの脱線ではなく、上方への出兵もまた然り(しか)であった。このように、小松帯刀をはじめとする在京要路は久光にとっても六箇条は許容範囲であると判断し、木戸と交渉したと考える。

以上から、この六箇条は「同盟」「盟約」と称される軍事同盟レベルのものではなく、在京薩摩藩士のトップであり、かつ久光の名代的存在である小松が長州藩を代表して上京した木戸との間で交わした、「小松・木戸覚書」と呼称するのがより適切である。なお、「小松・木戸覚書」が記載された木戸書簡について、受け取った龍馬は裏書を書くにあたって、小松・西郷に当然同意を求めたと考える。龍馬個人が勝手に六箇条の正当性を認めることはできず、小松らの了解を得て初めて、龍馬自身も「小松・木戸覚書」の重要性を認識することがかなった。

なお、長州藩・木戸にとって、この「小松・木戸覚書」の存在はきわめて重要であり、幕長戦争を遂行するための精神的な支柱となった。さらに、六箇条を成立させた木戸の政治権限の大幅な上昇をもたらした。一方で、薩摩藩にとっては、成立段階ではそこまでの重要性を見いだしてはいなかった。「小松・木戸覚書」は、その後の倒幕につながった政治過程から逆算され、この段階が薩長融和の実質的な転換点と位置づけられたことから、きわめて意義深い政治的事象として祭り上げられたことは否めない。

「小松・木戸覚書」の成立以降、黒田清隆らを中心とする人的交流が俄然活況を呈し、薩摩藩から長州藩への情報提供などが実行された。それに加えて、五代友厚（ごだいともあつ）らによる軍艦・武器弾薬購入の斡旋による軍事的な支援も行われるなど、薩長融和は着実に前進した。また、五代による経済交流政策として商社設立計画が立案され、いっそうの融和関係の促進に貢献した。こうした積み重ねは、慶応二年後半の修好使の相互派遣にまで伸展し、薩摩藩にとって長州藩は抗幕姿勢を貫くための必要不可欠の真のパートナーとなりえた。これによって、「小松・木戸覚書」による薩長連携は、名実ともに同盟関係に昇華した。

〈主要参考文献〉

町田明広『薩長同盟論—幕末史の再構築』草思社、二〇一八
同『新説　坂本龍馬』集英社インターナショナル新書、二〇一九
町田明広他『新説の日本史』SB新書、二〇二一

◎関連書籍紹介

青山忠正『明治維新と国家形成』吉川弘文館、二〇〇〇
高橋秀直『幕末維新の政治と天皇』吉川弘文館、二〇〇七
家近良樹『西郷隆盛と幕末維新の政局』ミネルヴァ書房、二〇一一
三宅紹宣『幕末維新の政治過程』吉川弘文館、二〇二一

16章

【大政奉還】

徳川慶喜の真意はどこにあったのか?

久住真也

大政奉還の捉え方をめぐって

慶応(けいおう)三年(一八六七)十月十四日、将軍徳川慶喜(とくがわよしのぶ)は、朝廷に有名な「大政奉還(たいせいほうかん)の上表」を呈した。朝廷は翌日それを許し、武家政権による全国統治に幕が降ろされた。このように一般には認識されている。日本史関係の辞典をみると、近世や江戸時代の終わりを画する出来事として大政奉還を捉えているものは多い。徳川慶喜は、武家政権を終わらせた歴史的な人物として、人びとの認識のなかにあるというわけである。

しかし、明治維新の政治過程からみたときは、そのようにすっきりと割り切れるものではない。政権を手放すといっても、慶喜はこの段階では依然将軍のままであり(十月二十四日に辞職を願い出るも、朝廷より、諸侯（諸大名）が上洛するまで従来どおりと命じられる）、外国との関係も依然維持していた。そのため、慶喜の立ち位置は後世からみて、まことにわかりにくい。当時、慶喜が政権の再委任を望んでいるとの憶測が流れたが、研究においても同様の見方は根強く存在する。現在も「慶喜の真意」は繰り返し研究者によって問われつづけているのである。

また、専門研究において、大政奉還はそれ以前の慶喜の政治路線、およびその後の鳥羽（とば）・伏見（ふしみ）の戦いにいたるまでの行動といかにかかわっているのか問われてきた。つまり、大政奉還は日本史上の武家政権の終焉という問題にとどまらない、明治維新における国家構想の根幹にかかわる問題（将軍中心か、天皇中心か）として考えられてきたのである。

徳川慶喜の「策謀」をめぐる議論

学界のこれまでの大政奉還、およびその前後の慶喜の政治路線についての捉え方は、大きくみると二つに分類できる。ひとつは、慶喜の大政奉還、すなわち政権放棄は表向きで、実際は徳川中心の強力な国家を構築しようとしていたとする見方である。もうひとつは、慶喜は大政奉還の上表で述べているように、政権を文字どおり放棄したうえで、朝廷を中心とした新たな政治体制のなかでの再生を期していたとする見方である。

まず前者からみよう。この見方の特徴は、慶喜が宗家継承（慶応二年〈一八六六〉八月）以後に行った慶応幕政改革の路線と関連づける点にある。すなわち、慶喜の改革は、フランスの援助を受け、軍事力を強化して諸侯を圧倒し、徳川中心の郡県制（中央集権国家）をめざすものだったとみるのである。そして、大政奉還以後の慶喜の構想もその延長線上に捉えようとする。このような見方について、やや説明が必要だろう。

　戦後の明治維新史研究は、おもにマルクス主義歴史学の影響を受けた研究者を中心に進められた。そこでは明治維新とは、世界史的にみて、封建制（ほうけんせい）の最終段階に現れる絶対主義の成立であるとされ（「天皇制絶対主義」の成立）、その推進主体は討幕派とされた。対して慶喜の路線は、それと対立する将軍中心の統一国家をめざす「徳川絶対主義」路線として注目された。とくに、原口清と石井孝との間で一九六〇年代後半に展開された「戊辰（ぼしん）戦争論争」において、石井は、戊辰戦争の本質を、将来の「絶対主義政権」をめざす天皇政権と徳川政権との戦争として捉え、後者の可能性を打ち砕いた鳥羽・伏見の戦いの意義を強調した（石井：一九六八）。つまり、大政奉還の評価は、そのまま戊辰戦争の評価や近代国家のあり方にかかわる大きな問題と接続されたのである。

　また、同じ時期に研究を牽引（けんいん）した一人である田中彰は、長州藩研究者として著名である一方、幕府研究を六〇年代から精力的に進め、九〇年代に至り自説を完成させたとみられる。田中の数ある著書のなかで、一般向けに書かれたものを例にとれば(田中:一九九二)、田中は慶喜の「策謀」を論じるなかで、慶喜は大政奉還において政治の実権を手放すことを考えておらず、来るべき新しい統一政権の掌握を考えていたと明快に論じている。そして、慶喜に仕えた洋学者西周が起草した「議題草案」(徳川中心の政体構想であるが、この性格づけをめぐって原口と石井の論争がある)を慶喜の考えとみなしたうえで、それを「大君」制とよび、慶喜は「大君」中心の集権国家をめざしたと論じた。言葉こそ違え、先の石井に通じる見解といえよう。

以上は学界でのことだが、一般向けとしては、中公新書の一冊として出された松浦玲『徳川慶喜』(一九七五、増補版一九九七)も、このような研究潮流のうえに書かれたものとみることができる。そのなかで松浦は、慶喜が京都で将軍を辞めたことをもって、「将軍だから国王だという状態を脱却して、よりスマートな国王になろうとしたのかもしれなかった」とし、「徳川幕府王朝から徳川王朝の脱皮飛翔」への試みを見いだそうとした(同書三ページ)。同書は慶喜の生涯を知るうえでのコンパクトな良書として現在も版を重ねていることから、一般に少なからず影響を与えていると思われる。

以上のような見方からすれば、慶喜の大政奉還は、けっして政治的後退ではなく、むしろ新たな飛翔を求めての前進ということになるだろう。また、同時に慶喜は政権放棄という表向きの姿勢とは真逆の、「策謀」を弄する「野心家」として捉えられることになる。このような見方は、慶喜の「変貌自在」と評される政治行動と一体となって、戦後一定の慶喜像を形成したといってよいだろう。

研究の潮目が変わった一九九〇～二〇〇〇年代

以上の研究潮流に大きな変化が生じたのは、一九九〇年代から二〇〇〇年代にかけてであった。その端緒となったのは、原口清による八〇年代後半から発表された一連の研究である（原口：二〇〇七）。原口は、前述した一九六〇年代の「戊辰戦争論争」の段階で、前述の石井とは異なり、大政奉還後の慶喜の政治路線は、それ以前と異なり、鳥羽・伏見の戦いの敗戦後に至るまで、一貫して徳川氏優位の公議政体（天皇の下で国家意思を決定する諸侯会議が中核となる政治体制）をめざすもので、専制主義的な「徳川絶対主義」をめざしたとする石井と鋭く対立していた。原口はその後、幕末史にさかのぼって中央政局の動向についての分析を進め、幕末の慶喜の政治路線について、かつての自己の見解の修正を行いつつ持論を強化していった。すなわち、幕末期の慶喜の政治路線は、幕府内部の一潮流である勘定奉行の小栗忠順（おぐりただまさ）、目付（めつけ）の栗本鯤（くりもとこん）ら「親仏派」とよばれる人びとによる、諸侯の力を削（そ）ぐ「徳川郡県制」路線とは異なり、一貫して京都の天皇・朝廷の重要性を認識し、それと一体化することで主導権を握ろうとする公武合体路線であったとする。

そして、大政奉還は、幕府の実力低下と、逆に諸侯の実力上昇、また幕府と結びついた朝廷の摂関家支配の衰微という情勢のなかで、やむなく決断したものと捉えた。また、慶喜の構想を知るには、西周の「議題草案」ではなく、大政奉還の上表や慶喜が公にした発言や考え、慶喜の側近で大政奉還の決断にかかわった永井尚志(ながいなおゆき)(若年寄格(わかどしより))など周囲の人びとの発言から分析することの重要性を説いた。その結果、慶喜がめざしたのは、朝廷を中心とした公議政体であり、慶喜自身は設立が予想される議事機関である上院・下院のうち、優越的地位にある上院の主導的な地位に立つことで、形式的に天皇を上に立てつつ、自らが朝廷の中心的な地位を占めるものだったとしている。

また、高橋秀直も原口説をふまえつつ、大政奉還は既存の政治構造を改革し、薩長などの諸大名が参加する公議機関を中心とした挙国一致体制を実現し、その中枢を慶喜が担おうとする積極的な戦略であったとした(高橋:二〇〇七)。

そして、このような研究潮流をふまえた慶喜評伝を執筆したのが家近良樹である(家近:二〇〇四)。家近は、慶喜の大政奉還は、文字どおり政権を完全に朝廷に返すという意味であり、幕府ではなく朝廷が主体となる新しい政権の下で、旧幕府・諸藩が協力して富国強兵をめざすことこそが、厳しい国際環境にあって独立を保つ唯一の方策だと慶喜が考えていたとする。この家近の評伝は現在学界では定評がある。

まとめれば、一九九〇年代以降の主要な研究は、幕末期の慶喜の政治路線とその行き詰まりから、土佐藩建白を契機とした慶喜の大政奉還を説明し、朝廷の下での「公議」を中核とする政治体制のなかで主要な地位を占めようとしたとみることで共通する。ここでは、慶喜が朝廷からの政権再委任を望んでいたという古くからの見方は否定されるとともに、慶喜の秘めた「策謀」の類を見いだそうとする議論も影を潜めた。また、一九九〇年代以降のマルクス主義の影響力低下という現象ともかかわり、発展段階説にともなう「絶対主義」などの言葉を冠する研究もみられなくなった。

これからの展望――「慶喜の真意」のゆくえ

一般に研究の世界では、新説の登場によって研究の潮目が一時的に変わっても、再び旧来の説が形を変えて復活することは少なくない。たとえば大政奉還についても、慶喜にとって譲歩などではなく、慶喜は新体制を自ら創出し、日本全体の新たな指導者に変身することを決意していたという近年の評価があり（三谷：二〇一七）、また、大政奉還後の慶喜は引き続き政権を握ることをもくろんでいたとの見方は、いまだ根強い。

まず、先入観を排して関連史料を読めば、慶喜は大政奉還後、朝廷の下での公議政体において、なんらかの役割を果たそうとしていたとみることは可能だろう。また、周囲の洋学者による国制の知識を参考に、あれこれと新政体について考えをめぐらせたことも間違いあるまい。ただし、そのことをもって、慶喜が現実に、政権を従来のように担当できると考えていたとみるのは早計だろう。なぜなら、新たに樹立が予定された公議機関には、実際にそうなったように薩摩(さつま)・長州の討幕派諸侯とその家臣たち、それらとつながる討幕派の皇族・公家も参加するのは確実だったからである。そのようななかで慶喜が外交権を行使したり、内政を思うがままに動かすなど現実にできるものではない(高橋:二〇〇七)。

大政奉還自体、慶喜が自他の力関係を冷静に測り、熟慮したうえでの決断だったことは、慶喜の最側近の在京老中らが江戸の同役に宛てた書状などに明らかであり、慶喜が大政奉還後も依然政権を保持できるという甘い期待を抱いていたとは考えられないのである。優位な立場を期待することと、政権を掌握することは同じではないだろう。

また、新政府樹立までの慶喜による過渡的な外交権行使や、王政復古政変によって新政府から排除され、政治的生命が危機にさらされた段階での慶喜の外国公使に対する発言などから、慶喜が当初より政権を手放す気などなかったと断ずるには、より慎重であるべきと考える。

慶喜が新たな公議政体において、どのように振る舞おうとしたか興味ある問題だが、薩摩討幕派と少数公家討幕派による、王政復古政変での慶喜排除の動きは、新政府内で再生を期した慶喜の構想を微妙に狂わせはじめ、薩長憎しで固まった配下に押されての挽回を策した慶喜の行動は、鳥羽・伏見の戦いの敗北によって失敗に帰し、我われが知りたいと思う「慶喜の真意」は、十全に姿を現すことがないまま、消え去ったのである。

ほかにも慶喜がなぜ、大政奉還の上表（十月十四日）と将軍職辞職の奏請（十月二十四日）を分けるという面倒な方法をとったのか、これについても戦前以来言及した研究はあるものの、十分には議論が煮詰まっていないように思われる。また、十四代将軍徳川家茂（いえもち）の段階でしばしばみられた将軍辞職論などとの関連や、逆に、明治期以降に広まった慶喜を国家の功労者として讃（たた）える、「大政奉還の神話」の背景についても注目していく必要があるだろう。

〈主要参考文献〉

石井孝『維新の内乱』有隣堂、一九六八
同『戊辰戦争論』吉川弘文館、一九八四
原口清『幕末中央政局の動向』『王政復古への道』『戊辰戦争論の展開』（原口清著作集1〜3）、岩田書院、二〇〇七〜二〇〇八
田中彰『開国と倒幕』（日本の歴史15）、集英社、一九九二
松浦玲『徳川慶喜─将軍家の明治維新　増補版』中公新書、一九九七

家近良樹『徳川慶喜』(幕末維新の個性1)、吉川弘文館、二〇〇四
高橋秀直『幕末維新の政治と天皇』吉川弘文館、二〇〇七
三谷博『維新史再考―公儀・王政から集権・脱身分化へ』NHKブックス、二〇一七

◎関連書籍紹介

藤井貞文『宿命の将軍徳川慶喜』吉川弘文館、一九八三年
小西四郎編『徳川慶喜のすべて　新装版』新人物往来社、一九九七年
家近良樹『徳川慶喜』(人物叢書)、吉川弘文館、二〇一四
久住真也『幕末の将軍』講談社選書メチエ、二〇〇九
高村直助『永井尚志―皇国のため徳川家のため』ミネルヴァ書房、二〇一五
井上勲『王政復古―慶応三年十二月九日の政変』中公新書、一九九一

17章

【戊辰戦争】

新史料の発掘でなにがわかってきたのか?

宮間純一

〝聖戦〟としての戊辰戦争

戊辰戦争（戊辰内乱、戊辰の役）は、慶応四年（一八六八）正月三日に勃発した鳥羽・伏見の戦いから明治二年（一八六九）五月の箱館戦争（五稜郭の戦い）まで続く内乱の総称である。この内乱によって、約二百六十年間続いた徳川幕府から天皇をいただく新政府への政権交代が決定的となった。

戊辰戦争は、近代日本では政府によって〝聖戦〟と位置づけられていた。新政府は、内乱に勝利し、「朝敵」（天皇・朝廷に敵対する存在）となった前将軍徳川慶喜を政治の舞台から退場させて実権を握った。政府にとって自らの起源である戊辰戦争は、〝聖戦〟でなければならなかった。政府は、軍功を挙げた者の論功行賞を行ったほか、東京九段坂上に創建した東京招魂社（明治十二年に靖国神社と改称）に幕末維新の政争や武力闘争で命を落とした「志士」や兵士たちを祀った。戊辰戦争の戦死者で祭神となったのは、「官軍」側の兵士だけである。

一方で、「朝敵」として「官軍」と対峙した人びとは、深い〝傷〟を抱えたまま近代を生きなければならなかった。「官軍」に抵抗した戦死者の祭祀を、親族や朋友の手によって執り行うことが許可されたのは、明治七年のことである。さらに、明治二十二年に大日本帝国憲法の発布にともなって出された大赦令によって、「朝敵」の〝罪〟は赦されることになった。だが、天皇に弓引いたという烙印は、大日本帝国のもとでは容易に消えるものではなかった。

戦前・戦中期にも明治維新史は叙述されたが、戊辰戦争は主要なテーマのひとつであった。官撰のものでは、維新史料編纂事務局編『維新史』全六巻（一九三九〜四一）がその集大成であり、第五巻では戊辰戦争について詳述されている。また、各地の旧大名家が編纂した家史や、郷土史家が執筆した歴史書などでもそれぞれの立場から内乱が語られた。これらの著作物にみえる戊辰戦争の評価は揺れが大きい。「官軍」側についた地域や集団は「勤王」の功績を強調する。他方、〝敗者〟に属する人びとは弁明を図ったり、「朝敵」のレッテル貼りに抗おうとしたりした。

政府の創り出す公的な記憶にからめ取られるにせよ、抵抗しようとするにせよ、〝聖戦〟としての戊辰戦争像からまったく自由になることは困難だったのである。

戦後の歴史学は、この問題を克服しようと新たな戊辰戦争像の構築に取り組んできた。本章では、それらの成果のなかから一般にはあまり知られていない内乱の見方を提示したい。

戊辰戦争研究の潮流

聖戦としての戊辰戦争像から解放された研究が本格化したのは戦後であった。原口清『戊辰戦争』（塙選書、一九六三）がその最初である。この原口の著作は、学界で大きな反響をよんだ。原口の見解を近代史研究者石井孝が批判したことをきっかけに、「戊辰戦争論争」とよばれる論争が起こっている。これは、当時第一線で活躍していた研究者を巻き込んだ一大論争に発展した。権力闘争史としての解釈をめぐる論争であり、新政府・旧幕府両陣営の権力としての性質や、内乱の末に生まれた維新政権の性格などについて激しい議論が交わされた（久住：一九九九）。

これに対して、一九八〇年代以降はそれまで手薄であった〝敗者〟側の諸藩や民衆・草莽(そうもう)隊などに焦点を当てた研究がさかんになった。これらの研究は、新たに見つかった史料の活用とともに進められた。

この時期に、県史や市史など自治体が主体となって行われた歴史編纂事業のなかで、各地の民家に眠っていた膨大な史料が発見された。自治体によっては、編纂事業終了後に、文書館（公文書館）や図書館などでそれらが閲覧に供されている。こうした研究環境の整備も歴史家たちの背中を押し、各地域における内乱のありさまが解明されてきた。最近では、戊辰戦争から百五十年を経過した平成三十年（二〇一八）に各地の博物館などで企画展が催され、従来知られていなかった内乱の具体相が紹介されたことも見逃せない。内閣官房主導の「明治一五〇年」記念事業は低調であったが、各館が発行した展示図録や研究紀要をみると研究面では重要な成果も生まれたことがわかる（横浜市歴史博物館・横浜開港資料館：二〇一八ほか）。

一方で、海外に所在する日本関係史料の調査とそれらを利用した研究も目覚ましい成果をあげている。戊辰戦争は、欧米列強が注視するなかで展開した。そのため、日本に滞在していた外交官と本国の間でやり取りされた外交文書や、外国人の個人文書などにも関係史料が少なくない。また、外国で発行された新聞にも戊辰戦争に関する報道がみられる。

とくに、イギリス・フランス・ドイツなどヨーロッパでの史料調査が精力的に行われ、戊辰戦争を国際的な視点で再評価しようとする試みが現れている。こうした動向の背景には、近代に成立した国民国家を自明とする「国史」が批判され、世界史のなかに日本という地域の歴史を位置づけなおそうとする歴史学界全体の潮流もある。

以下、そうした最近の成果の一部を紹介する。

地域史料からみえる内乱

戊辰戦争は、政治闘争の結末として起きた内乱であった。だが、この内乱の渦中におかれたのは武士だけではない。軍隊が通行・駐屯し、戦闘が繰り広げられたのは、民衆が日常生活を営む町や村であった。直接戦場にならなかった地域も、両軍から金銭・米穀・人馬の供出を求められるなど、なんらかの影響を被っている。日本列島に住む人びとの大半はこの内乱と無関係ではいられなかったのである。

戦後の研究で注目されたのは、民衆が新政府・旧幕府のいずれを支持したのか、あるいはどちらも支持しなかったのか、という問題であった。新政府が内乱で勝利を収めることができた要因に民衆の意思があるか否かは、明治維新の性格規定にかかわる重要な論点である。この問題意識から、内乱期に発生した民衆暴動や非武士による志願兵部隊である草莽隊など、権力と民衆の関係があからさまに現れる場面に関心が集まった。

しかし、実証研究が緻密化し、村落の支配構造の複雑さや地域ごとの個性が明らかになるにつれて、権力と民衆の関係を支持・不支持の二分論で捉える単純な見方は希薄になっていく。内乱の遂行にともなって村々に課せられた負担と、それに対する地域の対応の実態が明らかにされるにつれて、民衆がじつにしたたかに両軍と綱引きをしながら難局を乗り越えようとしていたことが明らかにされてきた。旧幕府領などで無政府状態さながらになった地域では、百姓たちが武装化して財産・生命を守ろうとした村もあった（小林：二〇〇五、渡辺：二〇一二、宮間：二〇一五）。

民衆はたんなる被害者だったわけではない。混乱に乗じて欲求を満たそうとした者もいた。たとえば、甲府周辺で武田家の遺臣を称していた集団は、近世段階で一般の百姓とは異なる出自をもつことを主張し、身分上昇を望んでいた（山本：一九九〇）。平たくいえば、彼らは武士になりたかった。東山道先鋒総督府の参謀乾退助は、甲府に入る前、板垣姓に改めて武田家の「旧臣」たちに協力を呼びかけた。戦国時代、甲斐武田家の重臣であった板垣信方は、乾退助の先祖にあたるとされる。これに、武田家の遺臣を称する人びとが応じて護国隊という草莽隊が結成された。彼らは、内乱に協力する見返りとして武士になることを期待した。士族の特権が剝奪されたのちも、功績を訴えて士族となるための請願運動を続けている（「甲斐国山梨郡下井尻村井尻家文書」国文学研究資料館所蔵）。

このように、新たな地域史料の活用とともに、「それぞれの戊辰戦争」が明らかにされてきている。

在外史料からみえる内乱

慶応三年（一八六七）十二月九日の王政復古の政変によって幕府の廃止が宣言され、徳川家は一大名に降ることになった。だが、徳川慶喜は諸外国に対して外交権を掌握していることを表明した。さらには、鳥羽・伏見の戦いが勃発すると薩摩藩の追討を各国公使に通知している。一方で、新政府も正当な政権であると主張し、国際的な承認を得ようとしていた。

これに対して、日本と条約を結んでいたイギリス・フランス・アメリカ・プロイセン・オランダ・イタリアは、イギリス公使パークスの主導により局外中立を宣言した。新政府・旧幕府のいずれも対等な交戦団体であるとみなし、どちらか一方を支援しない、という立場をとったのである。局外中立は、本州を新政府が制圧した後、明治元年の年末になって撤廃された。これにより新政府は、国際的に唯一の日本政府として認められたことになる。

戊辰戦争期の外交問題について、在外史料を利用した研究としてまず挙げられるのが、石井孝『明治維新の国際的環境』（吉川弘文館、一九五七。のち増訂版刊行）である。石井は、イギリスの外交文書などを駆使した先駆的な研究を行い、後に続く研究者たちの土台を作った。局外中立をめぐる諸問題に関する基礎的な理解なども石井の仕事によるところが大きいが、近年の研究ではさらに個別の論点が深められている。

たとえば、フランスの新聞を分析した寺本敬子「フランス・ジャーナリズムと戊辰戦争」（奈倉ほか編：二〇一八）は、フランスのメディアが「不介入路線」を強調していたことを解明している。一般的に、フランスは幕末期に親幕であったとイメージされがちである。また、榎本武揚（えのもとたけあき）軍にジュール・ブリュネら旧幕府が招聘（しょうへい）したフランスの軍事顧問団の面々が参加していたことなどによって、フランスによる軍事介入を疑う風聞が内乱下の国内でも存在していた（宮間：二〇一五）。だが、フランスのメディアはむしろ「不介入」を訴え、フランス政府も戊辰戦争の頃には中立姿勢を保っていたことが指摘されている。

従来は、イギリス・フランスを中心に局外中立を宣言した諸国との関係に関心が偏りがちであったが、それ以外の国の史料を活用した研究が出てきたことも最新の成果の特徴である。麓慎一「ロシアから見た戊辰戦争」（奈倉ほか編：二〇一八）は、ロシアにおいて戊辰戦争がほぼリアルタイムで広く把握されていたことを示した。ロシアの論説のなかには、戊辰戦争が民衆の天皇支持によって起きたと認識し、フランス革命との類似性を語るものもあった。また、東アジアの国々に戊辰戦争の影響が波及することを危ぶむ意見も確認されている。

これからの課題

戊辰戦争の研究は、史料の発掘とともにさまざまな観点から蓄積されてきた。本章でふれることができたのはそのほんの一部である。研究対象だけではなく、史料そのものへの理解を深めるための史料学的研究（箱石編：二〇一三）や、内乱下の江戸で流行していた絵画史料を用いた民衆思想の研究（奈倉哲三『諷刺眼維新変革─民衆は天皇をどう見ていたか』校倉書房、二〇〇四）など、分析の手法も多様化してきている。

戊辰戦争は、鳥羽・伏見の戦いにはじまる。江戸開城、東北戦争を経て本州の覇権を新政府が握り、箱館戦争で終結する。これまでの研究の積み重ねからは、こうした教科書の記述とは異なる見方が提起されてきた。一九七〇年代までの研究では把握できていなかった事象が「史実」のレベルで多数解き明かされてきており、戊辰戦争はもはや政権交代を決定づけた内乱というだけでは説明がつかなくなっている。今後も個別具体的な研究は増えていくであろう。

一方で、研究が細分化したことにともない、かつてのような大局に立った「戊辰戦争論」は少なくなっている。海外から国内の農村に至るまでの史料調査に裏づけられた実証研究の成果をふまえて戊辰戦争の全体像をいかに描くのか。これからのきわめて大きな課題である。

〈主要参考文献〉

山本英二「甲斐国「浪人」の意識と行動」(『歴史学研究』六一三、一九九〇)
久住真也「戊辰戦争論」(松尾正人・鳥海靖・小風秀雅編『日本近現代史研究事典』東京堂出版、一九九九)
小林紀子「戊辰戦争における新政府軍の軍夫徴発機構―下野国の軍夫方の一考察」(『日本歴史』六八一、二〇〇五)
渡辺尚志『百姓たちの幕末維新』草思社、二〇一二
箱石大編『戊辰戦争の史料学』勉誠出版、二〇一三
宮間純一『戊辰内乱期の社会―佐幕と勤王のあいだ』思文閣出版、二〇一五
奈倉哲三、保谷徹、箱石大編『戊辰戦争の新視点』上・下、吉川弘文館、二〇一八
横浜市歴史博物館、横浜開港資料館編『戊辰の横浜―名もなき民の慶応四年』横浜市ふるさと歴史財団、二〇一八

◎関連書籍紹介

保谷徹『戊辰戦争』(戦争の日本史18)、吉川弘文館、二〇〇七
奈倉哲三、保谷徹、箱石大編『戊辰戦争の新視点』上・下、吉川弘文館、二〇一八

18章

【新政府の組織】

公家たちは新政府でどのような役割を担ったのか？

刑部芳則

はじめに

読者のみなさんは、明治維新によって誕生した新政府の構成員というと、武家の諸侯や藩士たちの姿を思い浮かべるのではないだろうか。明治新政府は「王政復古（おうせいふっこ）」というように、古代の天皇親政の時代に戻って政策を行うことをスローガンに掲げていた。となれば、長い歴史のなかで天皇と特別な関係をもつ公家は重要である。彼らの協力なくして新政府は成り立たなかったのではないか。

そこで本章では、新政府に参加した公家の役割と、それがどのように変化していったのかについて検討したい。

「王政復古の大号令」を聞いた公家たち

慶応三年（一八六七）十二月九日、公家たちの将来を大きく変えることになる決断が下された。「王政復古の政変」である。この日の朝には前日からの朝議が終わると、幕府寄りとみなされた二条斉敬などの公家たちが自邸へと帰宅した。そのようななか御所内に正親町三条実愛、長谷信篤が残り、徴集に応じて中山忠能、中御門経之、岩倉具視、大原重徳、万里小路博房、橋本実梁、正親町実徳、正親町公董、橋本実麗、四辻公賀、清閑寺豊房、沢為量、沢宣種、西園寺公望、堀河康隆、穂波経度、高倉永祜、滋野井実在、滋野井公寿、園池公静、五条為栄、山本実政、富小路敬直、長谷信成、岩倉具綱、岩倉具定、四条隆平、石山基正、西洞院信愛、西四辻公業、万里小路通房、大原重朝、裏松良光、中山忠愛が参内した。

御所の各門は、薩摩藩、土佐藩、芸州藩、尾張藩、越前藩の藩兵が警護した。「王政復古の政変」の反対者の参内を禁じる措置である。厳戒態勢のなか「王政復古の大号令」が発表された。摂政や関白、公家の門流が廃止され、仮に総裁、議定、参与を置くこととした。この内容を聞いた右の公家たちは、「王政復古の政変」に協力的または理解を示すと判断されていた。こののちに文久三年（一八六三）八月十八日の政変で京都を追われた七卿のうち、生き残った三条実美、三条西季知、四条隆謌、東久世通禧、壬生基修、沢宣嘉が京都に戻ってくる。新政府には、こうした顔ぶれの公家たちが中心となって参加した。

戊辰戦争と地方官

慶応四年（一八六八）正月三日に鳥羽・伏見の戦いが勃発した。旧幕府軍が優勢であったが、新政府軍の錦旗が掲げられると、たちまち形勢は逆転した。錦旗は天皇の正規軍を示す表象であるが、その軍を統率する公家は天皇の代理人としてふさわしかった。山陰道鎮撫総督に西園寺公望（正月四日）、東海道鎮撫総督に橋本実梁、同副総督に柳原前光（同月五日）、東山道鎮撫総督に岩倉具定、北陸道鎮撫総督に高倉永祜、同副総督に四条隆平（同月九日）、中国四国追討総督に四条隆謌（同月十三日）、九州鎮撫総督に沢宣嘉（正月二十五日）、奥羽鎮撫総督に沢為量、同副総督に醍醐忠敬（二月九日）が任命されている。

天皇から錦旗と節刀を与えられた総督が率いる軍に抵抗すれば朝敵となってしまう。すでに旧幕府の総大将である徳川慶喜は、鳥羽・伏見の戦いで朝敵の汚名を負わされた。慶応四年四月四日に橋本と柳原は江戸城に登城し、謹慎中の慶喜に代わって徳川将軍家を後見していた田安慶頼に降伏条件を言い渡した。四月二十一日に新政府が江戸城を受理すると、京都から三条実美が下向し、関東大監察使として統治に尽力する。

鎮撫総督が派遣された地域や、新政府が幕府から引き継いだ直轄府県を統治することも喫緊の課題であった。公家たちは、その統治行政の長官としての役割を期待された。箱館府知事に清水谷公考（慶応四年閏四月二十四日）、京都府知事に長谷信篤（同年四月二十七日）、大阪府知事に醍醐忠順（同年五月二日）、長崎県知事に沢宣嘉（同年五月四日）、江戸府知事に烏丸光徳（同年五月二十四日）、柏崎県知事に四条隆平（同年七月二十七日）、奈良県知事に園池公静（同年七月二十九日）、甲斐府知事に滋野井公寿（同年十月二十八日）が就任している。

四条は兵庫裁判所総督や横浜裁判所総督を務めた東久世通禧から「参謀の見立が第一に勘要」であり、「私共は人形のようで済む」と助言された。しかし、四条は飾り人形ではいられなかった。管轄の棲み分けがあいまいであった柏崎県と越後府との指揮系統の統一を図ることは容易ではなく、また四条を支える有力な県判事（次官）が出仕しないという悪条件に悩まされる。

また、江戸幕府に引き続き、明治新政府もキリスト教を禁止する立場をとるなか、沢は、浦上キリシタン問題に直面すると、「邪教」について「軽罪者は流刑、そのほか当然の罪を申しつける覚悟でいる」などと厳格な姿勢を示した。だが、それには長崎府判事兼外国官判事の大隈重信と井上馨が不可欠であった。長州藩から井上の帰藩を求める申し入れを受けると、沢はそれに反対している。

新政府の直轄府県行政の知事に公家が配置されているのは、廃藩置県以前に旧諸侯が藩知事を務めていたことからすると自然の流れであったと考えられる。藩士は旧諸侯と身分的に同格となる府県知事を務めることができなかった。仮に務めたとして、難治県の人民を治めるのには人徳不足であっただろう。公家は天皇の代理人として、征討総督と同じように、新政に対する不平不満の分子を治めるのに適任であった。

職員令による変化

新政府が発足すると公家たちは参与職に随時任命されていった。その数は筆者の知るかぎり四十一名に及ぶ。しかし、慶応四年（一八六八）閏四月二十一日の政体職制により、三職八局が廃止されるのとともに、ほとんどが解任されている。政体職制で京都御所内の林和靖間は議定の詰所となった。それまで林和靖間は公家出身の参与の詰所であった。参与大久保利通によると林和靖間に詰める「禁中の内官等」は、「太政官の役人に対して仇敵を見るような勢い」であったという。その「林和靖間詰等の冗官」が廃止されたのである。

明治二年（一八六九）七月八日の職員令では、政府の要職に残る公家は限られた。右大臣に三条実美、大納言に岩倉具視、神祇伯に中山忠能、外務卿に沢宣嘉、刑部卿に嵯峨実愛、弾正尹に九条道孝、宮内卿に万里小路博房、留守長官に中御門経之、開拓長官に東久世通禧、開拓次官に清水谷公考、大弁に坊城俊政、少弁に五辻安仲、神祇大副に白川資訓、神祇少祐に萩原員光が就任している。

祭祀奉仕などの専門的な知識を要する神祇官や、後述する宮中儀礼などを管轄する宮内省、京都に残る公家や女官に配慮した留守官には、公家が適任であった。この段階では民部卿・大蔵卿が伊達宗城、大学別当が松平慶永のように、長官職は公家か武家の華族に限られていた。そうした制約のなかで三条実美や岩倉具視らが協議しながら人選していたと考えられる。実際に三条が岩倉に宛てた書翰で「中御門は留守次官に任命すべきだと考えているが、本人が引き受けるようにあなたから説得してほしい」(『岩倉具視関係史料』上)と依頼している。

刑法官知事を経て刑部卿に就任した嵯峨実愛は、この年の初めに起きた横井小楠暗殺事件の処理にあたり、前任者の大原重徳とは異なり、尊攘浪士ら「保守派」の動向を否定し、殺害者の厳罰を望んだ。律令の古記録を調査しながら「新律綱領」の編纂にも尽力している。三条や岩倉の期待に応えて政府の方針を理解しながら政務を行っていた。しかし、嵯峨一人の力ではなく、刑部大輔佐佐木高行の協力を得るところも多く、刑部省の実務を負担に感じるようにもなる。

こうした要職にともなう実務が、公家たちが望む職種と現実的に矛盾する場合が少なくなかった。従来の宮中で働いてきた感覚を、そのまま太政官や各省での実務に生かすことは難しかった。

新政府で実務をこなす藩士出身の維新官僚は、自分たちが各省の長官などに藩士が就くことができないことについて、政治運営の桎梏（手かせ足かせ）であると感じるようになる。その結果、明治四年七月十四日の廃藩置県の断行を経て、七月二十九日に太政官三院制に改革されると、太政大臣三条実美、右大臣兼外務卿岩倉具視、宮内卿徳大寺実則、宮内大輔万里小路通房などを除いて、公家は要職から外されることとなった。

宮内省の特別職

宮中祭祀などを含む、天皇が出席のもとで行われる儀礼には、古くからの慣習が重んじられる。儀礼での所作はもとより、着用する装束の種類や使う道具の置き方などは、事細かに決められている。それらは「有職」とよばれ、各公家の家に伝来する日記をさかのぼって、どのように行うかが相談されてきた。矢を入れて背負う胡籙を右肩からかけるか、左肩からかけるか。どうでもよさそうな話と思うかもしれないが、公家たちにとっては看過できない問題である。

このような独特な感覚と知識が必要になると、武家では手に負えない。幕末まで天皇とともに儀礼を行ってきた公家の存在が不可欠となる。職員令が施行されると、侍従など宮内省所轄の役職に就く公家の数が増えている。「王政復古を聞いた公家たち」も例外ではない。宮内権大丞に室町公賀（明治二年〈一八六九〉七月八日）、皇太后宮大夫に正親町実徳（同年八月二十二日）、侍従に裏松良光、三条西季知、長谷信成、堀河康隆（同上）、宮内省出仕に石山基正（同三年七月二十日）が任命されている。

ちなみに、皇后宮大夫には明治二年七月二十七日に佐幕派とみなされた野宮定功が就任した。彼は「王政復古の大号令」にともなって、慶応三年（一八六七）十二月九日に参朝停止および謹慎の処分を受けた（翌四年正月十六日に免除）。いつまでも敵対視して不満分子を生むのではなく、反省させたうえで新政府側に取り込んでいった。

しかし、五摂家の筆頭であった近衛忠熙は、処分免除後に隠居生活を選んだ。近衛は明治元年に満六十歳であり、表舞台から姿を消しても許される年齢といえる。しかし、働き盛りの公家たちが、新しい時代での活躍を諦めるような無気力であっては困る。公家たちの能力や意識を忖度し、適材適所の役職を考慮したとき、宮中を管轄する宮内省の仕事はうってつけであった。

大久保利通は廃藩置県後に宮中改革に着手する。侍従など宮内省の役職が公家たちを保護する温床となり、彼らが天皇を取り囲んでいるため、文明開化政策が進捗しないとみなした。実際、旧薩摩藩出身の吉井友実が宮内大丞に就任すると、公家に替えて士族の侍従を登用するようになっている。だが、その後も宮内卿が徳大寺実則、侍従長が東久世通禧であったように、宮内省と公家の関係は濃密であった。それは天皇と公家とが、政治的距離とは異なる特別な関係で結ばれていたことを表していた。

おわりに

天皇親政を目的とした「王政復古の政変」には、それに理解を示す多くの公家たちが参加した。新政府内では議定や参与などの要職に就き、各省の長官を務める公家たちも少なくなかった。新政府の直轄地となった府県の長官に任命される公家もいた。新政府内で実務を担う藩士出身の官僚たちが頭角を現していくにつれ、しだいに要職から退いていった。公家たちにとって宮中を管轄する宮内省の各職は適材適所であった。それは武家と違って家系的に天皇との特別な関係を示していた。

〈**主要参考文献**〉

「華族履歴」公・一～六（宮内庁書陵部宮内公文書館所蔵、識別番号四四一四九～四四一五四）
『復古記』一、東京大学出版会、二〇〇七覆刻版
佐々木克、藤井譲治、三澤純、谷川譲編『岩倉具視関係史料』上、思文閣出版、二〇一二
荒川将「戊辰戦争期の地方統治と四條隆平」（『四條男爵家の維新と近代』同成社、二〇一二）

刑部芳則「維新政府の政治空間形成—東京城と皇城を中心に」(『関東近世史研究』六八、二〇一〇)
同「宮中勤番制度と華族—近習・小番の再編」(『大倉山論集』五七、二〇一一)
同「維新政府の嵯峨実愛」(『大倉山論集』六二、二〇一六)
澤井勇海「明治元・二年長崎の政治外交と沢宣嘉(一)」(『論集きんせい』三八、二〇一六)

◎関連書籍紹介

刑部芳則『明治国家の服制と華族』吉川弘文館、二〇一二
同『京都に残った公家たち』吉川弘文館、二〇一四
同『三条実美—孤独の宰相とその一族』吉川弘文館、二〇一六
同『公家たちの幕末維新—ペリー来航から華族誕生へ』中公新書、二〇一八

19章
【明治維新の帰結】

なぜ薩長は新政府の主導権争いに勝てたのか?

久保田哲

明治政府＝藩閥政府というイメージ

明治政府は、藩閥政府と評されることが多い。「藩閥」の中心は、薩摩藩および長州藩の出身者たちである。また、「薩長土肥」という言葉からわかるように、薩長には及ばずとも、土佐藩、佐賀藩（肥前）出身者の力も大きかったとされる。

廃藩置県後の明治四年（一八七一）に発足した太政官三院制において、西郷隆盛（薩摩）、木戸孝允（長州）、板垣退助（土佐）、大隈重信（佐賀）が政策決定を担う参議に就任した。さらに、各省幹部も、ほぼ薩長土肥出身者が占めた。以降の明治政府が藩閥政府とよばれる。

藩閥の「強さ」は続く。時代が下り、明治十八年十二月に誕生した内閣総理大臣も、その就任者を順に並べれば、伊藤博文（長州）、黒田清隆（薩摩）、山県有朋（長州）、松方正義（薩摩）と薩長いずれかの出身者が続く。薩長以外で初めて総理に就任した人物も、佐賀藩出身の大隈である。公家出身の西園寺公望を除けば、藩閥ではない総理の誕生は、明治を越えて大正七年（一九一八）九月の原敬を待たなければならない。

明治期の政治は、藩閥、なかでも薩長の影響力が強かった。さらに藩閥政府は、議会開設や憲法制定を主張する自由民権運動を弾圧し、中央集権的政策を推進したとされる。こうした理解は正しいのであろうか。本章では、近年の研究成果をふまえつつ、明治政府の動向を再検討しよう。また、薩長が新時代の主導権を握りつづけることができた要因も考えてみたい。

五箇条の御誓文の理念と現実

慶応四年（一八六八）閏三月、新政府は、基本方針として五箇条の御誓文を発表した。そのなかで、広く会議を開き議論を通じて国の大事を決定すること、身分にかかわらず一致団結すること、各自の目標達成に向けて人びとに希望を失わせないこと、旧慣ではなく世界に知識を求めること、などがうたわれた。この背景には、新政府が掲げた理念と、直面した現実があった。それは、公議による政治の実現と人材登用である。

明治維新の原動力となった概念としては、尊王や攘夷がよく知られる。これらと並ぶものとして、公議がある。きわめて簡潔にいえば、公議とは、政治参加の拡大を主張する概念のことである。なお、公論、衆議、輿論といった言葉も用いられ、それぞれの違いを指摘する研究やほぼ同義であるとする研究もあるが、本章ではここに立ち入らず、公議という表現に統一したい。

薩長は、政策決定過程を制限していた徳川政権を批判しており、公議による政治を実現する必要があった。しかし、公議による政治は、全国民が参加する民主政治と同義ではない。公議には、「単純な多数意見」というよりも、「正しい考え」（至当性）という含意があった。それゆえ、政治参加の拡大をどの範囲まで認めるかが論点となるが、広く議論を行うこと自体は欠かせない。

一方で、新政府には、全国を統治しなければならない現実があった。増加する行政需要への対応が求められ、統治に必要な知識と経験を持つ人材を積極的に登用することが喫緊の課題となっていた。

このような理念と現実が、五箇条の御誓文に反映されたのである。

公議、人材登用の模索

薩長を中心とする新政府の動向を、公議による政治、人材登用といった面を中心に追っていこう。先の五箇条の御誓文発表前の慶応四年（一八六八）一月、新政府は徴士制度を発表した。身分にかかわらず全国の有能な人材を登用する、という制度である。しかし、どの藩も先行きの不透明ななかで新政府に人材を送り出すことはためらわれ、藩士としても藩主との主従関係から藩を離れることは容易ではなかった。新政府には、薩長土肥や越前、尾張などの雄藩から人材が集められたものの、彼らとて全国統治の経験を有しているわけではない。そのため、旧幕臣の登用により行政組織の不足を補ったのである。

慶応三年の小御所会議で、大久保利通や西郷隆盛らが徳川慶喜の辞官納地を強硬に主張したことなどから、薩長は旧幕勢力の一掃に熱を入れたことが知られる。しかし、政府の顔となる人員は別にして、官僚レベルでは積極的に旧幕勢力を登用していたのである。

大久保が明治元年（一八六八）九月に岩倉具視に送った書簡には、旧幕臣に依存しない行政システムの構築が訴えられている。これはつまり、誕生直後の明治政府が徳川政権の行政機関や組織に頼っていたことを意味する。さらに大久保は、有能な旧幕臣の継続登用には肯定的であった。

もちろん、藩閥からも人材の登用はあったが、頭角を現した者は高い能力を持っていた。代表的人物として、伊藤博文や大隈重信がいる。その大隈は、旧幕臣の渋沢栄一を積極的に登用した。彼らは維新官僚とよばれ、明治政府の中核を担っていった。身分ではなく能力により存在感を示した維新官僚の存在は、新時代の象徴であった。

ただし、有能な人材の登用といっても、今日のように公務員採用試験があるわけではなく、縁故によらざるをえない面もあった。明治政府は、全国からの政治参加を実現すべく、公議機関を模索していく。

明治二年三月、全国の各藩を代表する公議人（こうぎにん）が議員となる公議所（こうぎしょ）が開設された。公議所で扱われた議案は、議員や官員の提案が大半であったが、一部には下級官吏や農民からの提案もあった。ただし、公議所で可決された議案は、いずれも公布には至らなかった。また、議事進行も円滑にはいかず、何度も紛糾した。明治二年七月、公議所は集議院（しゅうぎいん）と改称される。

以上より、公議所という試みを失敗とする見方もできる。しかし、当時の日本にあって、数百人が一堂に会して議論する経験を持つ者がどれほどいたであろうか。議論する場として公議所を開設したことが画期的であった。また、公議機関の模索には、政治参加の拡大という理念に加えて、全国の不満の吸収や政治的統合など、新政府が抱えた諸問題の解決を期待した向きもあった。

明治二年に行われていた官吏公選

公議による政治、人材登用という観点で、象徴的な出来事がある。それは、明治初期に、官吏の公選を行ったことである。

明治政府は、政治参加の拡大をめざしたこともあり、雄藩の諸侯や公家が政府中枢に参画しつづけた。人員増加により、政府内の意思統一が困難になっていた。とはいえ、諸侯や公家をむやみに罷免することははばかられる。こうした状況の打開策として大久保が主導したのが官吏の公選であった。明治二年（一八六九）五月、三等官以上の上層官僚による公選の結果、無能者や守旧派が一掃された。公議と人材登用という大義名分のもと、大久保や木戸らが実権を握ることとなったのである。

公選直後の六月、この体制のもとで、版籍奉還が実行され、藩主たちは土地と人民を朝廷に返上した。明治政府は名実ともに全国政権となり、維新官僚たちは政府と藩の両属状態が解消され、政府に属することとなった。

明治六年政変と内務省の設立

明治政府は、明治四年（一八七一）七月に廃藩置県を断行すると、正院・右院・左院から成る太政官三院制を設けた。このうちの左院は、これまでの公議所や集議院と異なり、地域の代表者ではなく、江藤新平（佐賀）や細川潤次郎（土佐）、宮島誠一郎（米沢）といった豊富な知識を持つ面々が議官に任命された。この左院では、憲法や議会の調査も進められた。

なお、冒頭で述べたように、正院や各省幹部の大半が薩長土肥の出身者で占められた。これを藩閥政府と批判することは容易であるが、彼らはこれまで行政を支えてきた維新官僚である。能力のある人材がしかるべき役職に就いたことに着目すれば、明治日本が近代国家への歩を進めたという見方もできる。

明治六年になると、西郷隆盛の朝鮮使節派遣が俎上に載る。派遣派が多数を占めたものの、洋行から帰国した大久保利通らは至当性の観点から延期を主張し、公議をめぐる対立が生じた。この結果、延期派の大久保らが勝利し、派遣派の西郷らは下野した。いわゆる明治六年政変である。

政変後の明治六年十一月、内政全般を所管する内務省が設置された。大久保が内務卿となった同省では、藩閥の人材よりも実務経験に富んだ旧幕臣や親藩出身者が多く登用され、実力主義の人事が行われた。さらには地方官から内務官僚へ、内務官僚から地方官へと、人材の還流もなされ、実地での経験を政策にフィードバックする構造が生まれたのである。

言論空間と西南戦争

明治七年（一八七四）一月、明治六年政変で下野した板垣退助や後藤象二郎（土佐）が民撰議院設立建白書を提出した。現在の政府を有司専制政府であると批判し、公議による政治を実現するために民選議院の設立を訴えたのである。

この主張に対して、明治政府は真っ向から否定しなかった。たとえば木戸孝允は、意見書が公議を重視した姿勢を評価する。また、保守派として知られる佐佐木高行(土佐)も、江戸時代には人びとの権利が制限されていたと指摘し、民選議院の重要性を認めた。公議や人材登用を志向してきた明治政府にとって、民選議院の設立は否定されるものではなかった。

論点は、設立の時期や議会のあり方であった。少壮官僚の加藤弘之(出石)は、日刊新聞『日新真事誌』に民選議院設立は時期尚早である、との投書を掲載した。以降、新聞・雑誌上では民選議院をめぐる論争が起きたが、議会開設を否定する意見は、ほとんどなかった。

佐賀の乱(一八七四年)や萩の乱(一八七六年)など、言論ではなく、武力による争いもあった。その行き着いた先が、近代日本最大かつ最後の内戦となる西南戦争(一八七七年)である。しかし、薩軍は政府軍に敗れた。もはや、政府を武力で打倒することができないと理解した反政府勢力は、言論で政府に抵抗することとなり、自由民権運動が隆盛していく。

明治十四年の政変

明治十年(一八七七)から翌十一年にかけて、のちに維新の三傑とよばれる木戸、西郷、大久保が相次いで帰らぬ人となった。なかでも、強烈なリーダーシップを発揮していた大久保の死は、明治政府にとって大きな損失であった。だが皮肉にも、大久保死後の明治政府は集団指導体制となり、公議による政治や人材登用が推し進められることとなる。

明治十二年二月、『朝野新聞』に「党派論」という論説が掲載された。そこで槍玉に挙げられたのは、薩長土肥に加えて旧幕臣であった。藩閥に加えて旧幕臣が政府内の一大勢力とみなされたのである。もっとも、旧幕臣が徒党を組んでいたという事実は確認できない。これは、彼らが猟官運動によって登用されたのではなく、能力により政府要人から登用されたためである。明治政府による能力に応じた人材登用が定着していたことを示唆していよう。

公議による政治の実現も動き出し、政府内では議会や憲法の構想が模索された。早期の議会開設、憲法制定を主張した大隈は警戒され、伊藤は議会や憲法の主導権を握ろうと模索する。その結果、明治十四年十月に国会開設の勅諭が発せられ、九年後の議会開設が宣言されるとともに、大隈や彼に近い官僚たちが政府から追放された。いわゆる明治十四年の政変である。

政変の結果、明治政府のイニシアチブを握ったのは伊藤博文であった。翌十五年、伊藤は渡欧して立憲政体のあり方を学ぶと、明治十八年十二月に内閣制度を創設し、翌十九年三月には官僚を養成するために帝国大学令を制定する。人材登用の道筋を立てたうえで、公議による政治の帰結として議会開設、憲法制定を主導した。完成した議会や憲法には、現代からみれば不十分な点はある。しかし、議会開設と憲法制定という権力の流動性を担保する事業を、徳川を倒し権力を掌中に収めた薩長が成し遂げたことは評価されるべきであろう。

薩長の強さとはなんだったのか

このように、明治政府の中心にあった薩長は、必ずしも有司専制という面ばかりではなく、公議による政治や能力に応じた人材登用という理念を掲げ、そのための試行錯誤を重ねた面もあった。議会開設というと自由民権運動が想起されるが、明治政府による公議機関の模索のほうが、同運動に先んじていた。また、政府には、薩長土肥の人間ばかりでなく、旧幕臣も多く登用され、能力ある者が頭角を現していった。

ただし、これらは藩閥の存在を否定するものではない。明治十四年の政変では、伊藤は議会開設を推進するためには薩長の連携が重要であると考え、薩摩から警戒された大隈の追放を選択した。藩閥、なかでも薩長の後ろ盾がなくては、政府を動かせない現実もあった。

これらをふまえれば、理念と現実のバランスを絶妙な具合で保ちつづけられたことが、薩長の強さの所以（ゆえん）であった。

〈主要参考文献〉

清水唯一朗『近代日本の官僚—維新官僚から学歴エリートへ』中公新書、二〇一三
門松秀樹『明治維新と幕臣—「ノンキャリア」の底力』中公新書、二〇一四
久保田哲『帝国議会—西洋の衝撃から誕生までの格闘』中公新書、二〇一八
湯川文彦「明治維新と議会制導入」『日本歴史』第八七二号、二〇二一
奈良勝司「公議」（山口輝臣・福家崇洋編『思想史講義【明治編Ⅰ】』ちくま新書、二〇二二）

◎関連書籍紹介

奥田晴樹『維新と開化』（日本近代の歴史1）、吉川弘文館、二〇一六
三谷博『維新史再考—公議・王政から集権・脱身分化へ』ＮＨＫブックス、二〇一七
柏原宏紀『明治の技術官僚—近代日本をつくった長州五傑』中公新書、二〇一八
久保田哲『明治十四年の政変』集英社インターナショナル新書、二〇二一

終章
【明治維新の評価】

明治維新はどのように論じられてきたのか?

清水唯一朗

はじめに

本書では、幕末維新史研究の現在地を明らかにすべく、最新の研究状況が示されてきた。それは研究水準だけでなく、明治維新への評価を通じて、私たちが近世や近代を、ひいては現在をどうみているかを教えてくれる。

明治百五十年を迎えた平成三十年(二〇一八)は、明治維新研究にとってひとつの画期となる年であった。国立国会図書館のデータベースでみると、タイトルに「明治維新」を含む書籍が九十八冊、記事・論文にいたっては二百十四件がこの年に公刊されている。特集記事や、「明治一五〇年」などの表記を取ったものも含めればその数はさらに多い。百花繚乱のごとくであった。

この年に展開された明治維新論を端緒に、それらが生み出され、受け継がれてきた系譜をさかのぼってみよう。それを通じて、明治維新の論じられ方のこれまでとこれからを捉えていきたい。

戦前から戦後へ——政治社会との連動

もっとも大きく打ち出されたのは、これまでの明治維新研究をふまえながら、新しい明治維新論を紡ぎ出していこうとする試みであった。意外に思われるかもしれないが、近年、明治維新を論じる大きな物語が失われている、もしくは閑却されているとみる向きは多い。

もちろん、これまで明治維新論がなかったわけではない。そこには長い創造と喪失の過程があった。明治初期、明治維新は近代国家のスタートという輝かしい評価と同時に、内戦と分断という悩ましい問題を孕んでいた。この状況のもとで、明治政府はまず戊辰戦争期を対象とする史料編纂に着手し、明治二十二年（一八八九）に『復古記』が完成した。各方面に対して早い段階で公的な史料収集が行われたことは、こののちの明治維新研究の発展にとって僥倖であった。

この修史事業は所管を移しながら継続され、昭和十四年（一九三九）から二年にわたって維新史料編纂事務局が刊行した『維新史』まで続いた。しかし、その過程で明治維新の評価は現実における政治社会の変化を受けて大きく割れていった。

とりわけ目立ったのは、明治維新を王政復古として帝国の正統性を説く皇国史観と、ブルジョワ革命の出発点であり打倒すべき現体制の起点と位置づけるマルクス主義史観の対立であった。世界観と目的を異にする両者は、それぞれに体系化と理論化を進めながら、互いに、また自らの界隈でさかんに論争を繰り広げた。いずれも政治運動としての性格を強く有していたことから、後者は太平洋戦争に至る過程でより厳しく弾圧され、前者は敗戦後に沈黙を余儀なくされた。

戦後、敗戦を契機としてマルクス主義史観が復権する。それはたんなる復権ではなく、史料編纂の成果を用いた実証への変化をともなっていた。独立回復前年の昭和二十六年に刊行された井上清『日本現代史Ⅰ　明治維新』（東京大学出版会）、遠山茂樹『明治維新』（岩波書店）はその到達点とされる。遠山は基本的なリファレンス情報をまとめた『近代日本政治史必携』（安達淑子と共著、岩波書店、一九六一）を刊行するなど、研究環境の整備にも尽力した。

しかし、学界が理論化と体系化を追究した結果、その明治維新論は一般社会と乖離(かいり)していった。そこに明治百年（昭和四十三年）がやってくる。時の政府、佐藤栄作内閣は大規模な記念事業を行うなかで、明治維新を「世界史にも類例をみぬ飛躍と高揚の時代」とし、「先人の勇気と聡明と努力」に敬意と称賛を示すと意味づけた。

こうした議論も学問と無縁に現れたわけではない。東西冷戦構造のなか、日米間で議論された近代化論が下地となっていた。それは非西欧地域で、革命なくして、植民地とならず、近代化を遂げた稀有な事例として、比較研究の文脈で日本を取りあげるものであった。明治維新は無血革命として、世界で高く評価されるようになっていた。

そうした評価は、高度成長を経た日本人にとって自らの存在や歴史を肯定するものと捉えられ、広く受容される。こうした明治維新像は司馬遼太郎の小説をはじめとするマスカルチャーを通じて拡散され、現在に至るまで人気を博している。他方、そうした理解は日本の近代化における戦争や他国への進出などを覆い隠すものでもあった。

自由主義経済の活況と社会主義国家の行き悩み、近代化論の隆盛により、マルクス主義史観はその影響力を急速に失っていった。もう一方の近代化論も国際比較を主たる目的とするためにモデルに押し込もうとする面があり、行き悩みをみせていた。

実証研究から新しい明治維新論の模索へ

こうした状況を打開すべく、学術研究は新しい方向に歩み出した。実証研究といわれる、一次史料によってより厳密に史実を把握し、確定していこうという作業である。昭和三十六年（一九六一）に国立国会図書館憲政資料室が一般公開をはじめ、昭和四十六年に国立公文書館が開館するなど、一次史料の利用環境が急速に整備された。これにより公文書と私文書を活用することが可能となり、緻密な研究が数多く生み出されるようになった。

実証研究の登場は、学問分野間の交流も促進していく。それまで疎遠であった日本史学、経済学、政治学が実証研究のもとで相互参照を進め、方法と理論の融合した明治維新理解が進んだ。明治維新史学会をはじめとして多くの学会が設立され、さまざまな学会誌が刊行され、今日に至っている。

他方で、膨大な史料が利用可能となったことで研究は細分化し、明治維新論のような大きな議論を難しくさせた。その背景には、研究者の養成プロセスにおいて査読論文がより重視されるようになったこと、理論の新規性で学会誌の審査を通過することは難しく、用いる資料の新奇性で勝負する傾向が生じたことがあるのは否めない。その結果、日本近代史研究全般が大きな物語を喪失する状況が生まれた。

明治百五十年（平成三十年〈二〇一八〉）は、こうした状況を克服すべく、研究者たちが大きな視点で論じあう機会となった。前年の平成二十九年に青山忠正『明治維新を読みなおす』（清文堂出版）が長期的な視点で政治体制の構築を論じ、苅部直『「維新革命」への道』（新潮選書）が、一九世紀における文明観の成熟過程のなかで明治維新を捉えた。さらに三谷博『維新史再考』（NHK出版）が課題解決と権力闘争の循環構造として論じ、平成三十年には、奈良勝司が『明治維新をとらえ直す』（有志舎）で研究状況への問題意識を明示的に打ち出し、近世の社会構造や比較の視点を組み込んだ体系化をめざした。

シンポジウムや共同研究も多く展開された。そのなかには、歴史系の学会が共同で編纂した『創られた明治、創られる明治』(岩波書店)のように明治百年の際の記憶から、政府が強い肯定的イメージを植え付けてくることを警戒し、警鐘を鳴らすものがみられた。

その一方で、新たな研究の展開を先導する動きもみられた。ダニエル・V・ボツマンほか編『「明治一五〇年」で考える』(山川出版社)は、社会史、民衆史の視点を継承して国民国家批判論の充実を示し、瀧井一博編『「明治」という遺産』(ミネルヴァ書房、二〇二〇)はじつに三十本の論文で明治維新を可能とした背景とその影響を国際的な視野で論じた。後述するように、これは国際的な明治維新への関心に対する日本からの応答でもあった。

その後も、北岡伸一『明治維新の意味』(新潮選書、二〇二〇)、渡辺浩『明治革命・性・文明』(東京大学出版会、二〇二一)など、大きな枠組みで提示する試みが続いている。

比較革命史として

具体的な議論に話を移そう。明治百五十年を契機に活性化をみせたのは、国際的な文脈で明治維新を捉えようとする比較革命史の試みであった。もちろん、先述したマルクス主義史観や近代化論のように、そうした動きは以前からあった。それらとの違いは、担い手が実証研究を前提とするところにある。

明治初期には王政の歴史的正統性を重視する議論から「復古」の側面が強調され、明治維新はMeiji Restorationと訳された。戦後、日米の研究者が近代化論を論じた際も、この影響があってか、明治維新は革命ではない、もしくは無血革命であったと評された。

これに対して、新しい議論は、積み重ねられた実証研究の成果から明治維新の革新性に焦点をあて、それは社会秩序や統治体系を大きく変化させた革命（Revolution）であると論じる。具体的な革新性に焦点をあてたことで、同様に実証研究の進んだアメリカ独立戦争、フランス革命、イギリス革命などと比較して論じることが可能となった。近代日本の体験との対比から東アジアや西洋の経験を理解しようとした三谷博『愛国・革命・民主』（筑摩選書、二〇一三）はその早期の成果である。

その後、明治百五十年を経て、比較革命史は分野横断的な研究へと展開する。非暴力革命として日仏を取りあげる三浦信孝ほか編『フランス革命と明治維新』（白水社、二〇一九）を皮切りに、アジアへの波及を論じたマシュー・オーガスティン編『明治維新を問い直す』（九州大学出版会、二〇二〇）、都市や宗教、メディアといった視点から英仏日を比較する岩井淳ほか編『比較革命史の新地平』（山川出版社、二〇二二）などが、日本史研究者との共同作業として進められている。

ローカルレベルと民衆からの視点

明治維新が革命（Revolution）であるなら、そこには敗者が生まれる。明治維新論のひとつの特徴は、敗者の側も含めた歴史が直後から描かれつづけてきたことにあった。早くには旧幕府側の視点から書かれた佐幕派史観がある。政府が編んだ『復古記』が敗者の側の史料も積極的に収集したことが、その基盤となった。地域での資料発掘も丹念になされた。

敗者の側には、自分たちの正当性や存在意義を示す必要がある。大正中期、明治維新五十年の慰霊事業として歴史叙述が敗者の地でさかんに行われたことは、そうしたローカルレベルの明治維新論が必要とされた背景をよく伝えている。

明治百五十年には、そうした地域性がより強く打ち出された。会津をはじめ東北や北陸では、明治維新百五十年ではなく「戊辰戦争百五十年」として、北海道では「開道百五十年」として、それぞれの立ち位置が明確に表明された。沖縄でも同様の取り組みがみられた。

実証研究の進展が生んだもうひとつの潮流に、国民国家批判論がある。明治維新の結果、国民が生み出され国家というシステムのなかに組み込まれていくことを近代化として一方的に歓迎するのではなく、その負の側面をも捉えようとする。牧原憲夫『客分と国民のあいだ』（吉川弘文館、一九九八）、井上勝生『幕末・維新』（岩波新書、二〇〇六）などによって先鞭がつけられ、その後も前述したボツマン編著のほか、松沢裕作『生きづらい明治維新』（岩波ジュニア新書、二〇一八）、藤野裕子『民衆暴力』（中公新書、二〇二〇）などによって議論が深められている。

ジェンダーの視点からの取り組みも広がっている。平成二十八年（二〇一六）には長野ひろ子が『明治維新とジェンダー』（明石書店）において、明治維新を機とした女性の立場の変化を論じ、令和二年（二〇二〇）に国立歴史民俗博物館で開催された「性差の日本史」展でも、「分離から排除へ」「性の売買と社会」「仕事とくらしのジェンダー」の三章にわたって、近世から近代への移行による女性性の変容がつぶさに論じられた（『性差の日本史』展示プロジェクト『新書版　性差の日本史』集英社インターナショナル新書、二〇二一年）。

グローバルレベルの展開

グローバルヒストリーの隆盛は世界的傾向であるが、明治維新にも世界各国から関心が寄せられ、それに日本側が応答するという展開がはじまっている。もちろん、従来も近代化論にみられたような関心や、明治維新の契機を世界史に求める研究もあったが、現在の動きはそれらとは比較にならない彩りをみせてくれる。

アメリカでは、前述のボッツマン編著のもととなるシンポジウムがイェール大学で開催され、アジア研究学会（ＡＡＳ）ではロバート・ヘリヤーをチェアとする明治史研究のラウンドテーブルが開かれた。カナダのブリティッシュコロンビア大学では、「*The Meiji at 150 project*」と称するウェブサイトが立ち上げられ、各国の研究者をスピーカーに招いたポッドキャストサイトや学習教材が提供されている。

そうした動きは北米にとどまらない。二〇一八年から翌年にかけて、トルコ、中国、エジプト、シンガポール、ドイツ、ベトナムなどで明治維新を捉えなおす国際シンポジウムが陸続した。台湾でも、世代の変化にともなう明治維新認識の変容を追う研究動向がみられる。筆者はトルコ、中国、ベトナムの会議に参加する機会を得たが、そこで感じたのは、それぞれの国が自らの文脈で明治維新を理解し、活用していることであった。

そうした多様性は、二〇一八年末に国際日本文化研究センターで実施されたシンポジウム「世界史のなかの明治／世界史にとっての明治」で存分に交わされた。この会議には世界十五カ国から四十名の日本研究者が参加し、それぞれの国・地域における明治維新の意義が論じられた。その成果は、十六本の論文を収録した瀧井一博編『明治史講義【グローバル編】』（筑摩新書、二〇二二）としてまとめられている。もはや明治維新論は国内にとどまらない広がりをもつようになった。

もっとも、これらは明治百五十年までの状況である。ロシアのウクライナ進攻に端を発する国際情勢の変化は、明治維新の意義をさらに変えていくかもしれない。明治維新は、その影響の大きさゆえに、政治社会の変化と離れることはできないものだからだ。国内のみならず、国外との対話のなかでその意義を考えていく時代がやってきたといえるだろう。

〈主要参考文献〉

永原慶二『20世紀日本の歴史学』吉川弘文館、二〇〇三
奈良岡聰智「『明治五〇年』と『明治一五〇年』のあいだ」(『吉野作造研究』一四号、二〇一八)
同「記憶としての明治維新」一(『法学論叢』一八四巻二号、二〇一八)
奈良勝司「明治維新論の現状と課題」(『歴史評論』八一二号、二〇一七)
村井良太「明治百年記念事業(1968年)の文脈とメッセージ」(『吉野作造研究』一四号、二〇一八)
楊素霞「戦後台湾における『明治維新』認識の再構築」(『日本文化研究』第八一輯、二〇二二)
同「植民地台湾における『明治維新』認識」(『社会システム研究』四四号、二〇二二)

◎関連書籍紹介

瀧井一博編『明治史講義【グローバル編】』ちくま新書、二〇二二
奈良勝司『明治維新をとらえ直す—非「国民」的アプローチから再考する』有志舎、二〇一八

【明治維新の評価】

終　章　明治維新はどのように論じられてきたのか?

三谷博『明治維新を考える』岩波書店、二〇一二

明治 8	1875	5ロシアとの間で樺太・千島交換条約調印 9日本の軍艦が江華島近海で計画的挑発行為を行い、朝鮮側と交戦（江華島事件）
9	1876	2李氏朝鮮との間で日朝修好条規調印
10	1877	2西南戦争（～ 9 月）
11	1878	5大久保利通が暗殺される（紀尾井坂の変）
12	1879	4沖縄県設置（琉球処分）
14	1881	10参議大隈重信罷免（明治十四年政変）

明治3	1870	1大教宣布の詔が発せられる 閏10工部省設置 1870·7プロイセン＝フランス戦争 1870·10イタリア統一
4	1871	1郵便制度の開始 2御親兵の編成 7廃藩置県 7三院制（正院・左院・右院）が定められる 7清との間で日清修好条規調印 8東京・大阪・熊本・仙台に4鎮台を設置（1873年、名古屋・広島に設置） 11全国に府知事・県令を設置 12岩倉遣欧米使節団、条約改正交渉のため出発（〜73年9月） 1871·1ドイツ帝国成立
5	1872	2陸軍省・海軍省を設置 9琉球藩設置 9新橋—横浜間で鉄道開業 12太陽暦を採用（明治5年12月3日を明治6年1月1日に）
6	1873	1徴兵令公布 2キリシタン禁制高札撤廃 10西郷隆盛・板垣退助ら参議を辞職（明治六年政変） 11内務省設置
7	1874	1板垣退助らが、民撰議院設立建白書を左院に提出 2佐賀の乱起こる 5明治政府、台湾原住民による日本人漂流民殺害事件を機に台湾へ出兵
8	1875	4漸次立憲政体樹立の詔。元老院・大審院・地方官会議設置

慶応2	1866	1866･6〜7プロイセン＝オーストリア戦争
3	1867	1睦仁親王践祚（翌年10月12日に即位）
		1徳川昭武ら遣欧使節団、パリ万博参加のため出発
		5兵庫開港勅許
		8「ええじゃないか」起こる
		10徳川慶喜、大政奉還の上表を提出
		12兵庫開港。大坂開市
		12王政復古の大号令（幕府の廃止、三職の設置）。同日の小御所会議で慶喜の辞官・納地を決定
明治元	1868	1鳥羽・伏見の戦いにより戊辰戦争開始。徳川慶喜追討令
		1神戸事件
		3五箇条の誓文、五榜の掲示公布
		3神仏分離令、廃仏毀釈運動起こる
		4江戸城開城
		閏4政体書布告（太政官制の確立など）
		閏4浦上教徒弾圧事件
		5奥羽越列藩同盟成立
		5上野戦争
		7江戸を東京と改称
		9明治と改元。一世一元の制
		11東京開市。新潟開港
2	1869	1薩長土肥４藩主、版籍奉還を上表
		1横井小楠が暗殺される
		3明治天皇、東京に行幸。事実上、以後は東京が拠点となる
		5箱館五稜郭の榎本武揚軍降伏（戊辰戦争終結）
		6版籍奉還が実施。諸大名を知藩事に任命
		6東京招魂社設置
		7職員令布告（二官六省制の設置）
		8蝦夷地を北海道と改称
		12東京—横浜間で電信開通

文久2	1862	閏8参勤交代制の緩和により全大名は三年に一度の参府に
3	1863	3将軍家茂上洛。翌月、攘夷決行を5月10日とする旨を孝明天皇に上奏 5長州藩、下関で外国船を砲撃 5伊藤博文ら長州藩留学生5人、イギリスへ密航 7生麦事件の報復のため、イギリス艦隊が鹿児島沖に来航し交戦（薩英戦争） 8八月十八日の政変により長州藩と尊攘派公家たちが京から追放 1863･1アメリカで奴隷解放宣言
元治元	1864	3フランス公使ロッシュが着任 7長州藩急進派が京都御所周辺で薩摩・会津藩兵らと交戦（禁門の変）。朝廷、長州追討の勅命を幕府に下す（第一次長州征討） 7佐久間象山が暗殺される 8英仏米蘭の四国連合艦隊が下関を砲撃（下関戦争） 9幕府、参勤交代制の緩和廃止 12藩主父子の謝罪、三家老の切腹など長州藩の恭順により征長軍が解散
慶応元	1865	3鹿児島藩留学生15人ら、イギリスへ密航 閏5イギリス公使パークスが着任 9横須賀製鉄所の起工式 10朝廷から幕府に対し、条約勅許と兵庫開港不許可の勅書が下される
2	1866	1薩長同盟締結 4日本人の海外渡航が許可される 5改税約書調印 6幕府が長州藩に再征（第二次長州征討） 7将軍家茂、死去 12徳川慶喜、征夷大将軍に任じられる 12孝明天皇、死去

安政5	1858	4井伊直弼、大老就任
		6日米修好通商条約を無勅許調印
		6将軍継嗣を徳川慶福（のち家茂）に決定
		7幕府、徳川斉昭・松平慶永・徳川慶喜ら処分
		7日蘭・日英・日露間で修好通商条約調印
		9日仏修好通商条約調印
		9安政の大獄始まる
		この年、長崎で発生したコレラが全国にまん延
6	1859	5イギリス総領事オールコック来日
		10橋本左内、吉田松陰ら死罪に
万延元	1860	1幕府遣米使節団、条約批准に出発（咸臨丸同行）
		3井伊直弼が暗殺される（桜田門外の変）
		閏3幕府、生糸・雑穀・水油・蝋・呉服を対象に貿易を統制（五品江戸廻送令）
		10和宮降嫁の勅許が下る
		12日独修好通商条約調印
		12ハリスの通訳官ヒュースケン暗殺される
		1860･10～11北京条約締結（イギリスへの九龍半島割譲、ロシアへの沿海州割譲、中国人の海外渡航の許可など）
文久元	1861	2ロシア軍艦が対馬に上陸・占拠（ポサドニック号事件）
		12幕府遣欧使節団、開港開市延期交渉、樺太国境画定交渉のため出発
		1861･4アメリカ南北戦争（～65年）
2	1862	1老中安藤信正、水戸浪士に襲撃される（坂下門外の変）
		2将軍家茂と和宮の婚儀
		5島津久光、率兵上京後に幕政改革を求めて東下
		7徳川慶喜が将軍後見職、松平慶永が政事総裁職に任命（文久の改革）
		8薩摩藩士が島津久光の行列を横切った英国人を殺傷（生麦事件）
		閏8松平容保が京都守護職に任命

関連年表

年 号	西 暦	で き ご と
天保12	1841	5幕府、天保の改革に着手（～1843年）
13	1842	7幕府、薪水給与令を発布（異国船打払令の緩和）
		1842･8清とイギリスの間で南京条約締結（香港の割譲、上海の開港など）
弘化元	1844	7オランダ国王ウィルレム２世、幕府へ開国を勧める親書を渡す（翌年、拒否）
2	1845	2阿部正弘、老中首座に就任
3	1846	閏5アメリカ東インド艦隊司令長官ビッドル、浦賀に来航
嘉永２	1849	12幕府、諸大名や幕臣に海防の再強化を命じる（御国恩海防令）
4	1851	1中浜万次郎ら、アメリカ船に送られ琉球に上陸
6	1853	6ペリーが浦賀に来航、久里浜に上陸
		7ロシア使節プチャーチン、軍艦４隻を率いて長崎に来航
		1853･3太平天国軍、南京を占領（～64年）
		1853･10クリミア戦争（～56年）
安政元	1854	1ペリー、浦賀に再来航
		3日米和親条約調印
		11安政東海地震、安政南海地震が発生
		12日露和親条約調印
2	1855	7幕府、海軍士官養成のため長崎海軍伝習所を設置
		8幕府、江戸に外交文書翻訳機関として洋学所を設置（翌年、蕃書調所に改称）
		10江戸で大地震が発生（安政の大地震）
		12日蘭和親条約調印
3	1856	7アメリカ総領事ハリス、下田に着任
		1856･9アロー戦争（～60年）

執筆者・編者紹介

大島明秀　おおしま・あきひで
一九七五年、大阪府出身。九州大学大学院比較社会文化学府博士後期課程修了。博士（比較社会文化）。現在、熊本県立大学文学部教授。『「鎖国」という言説―ケンペル著・志筑忠雄訳『鎖国論』の受容史』（ミネルヴァ書房、二〇〇九年）、『蘭学の九州』（弦書房、二〇二二年）、「「和解（わげ）」から「翻訳」へ― *Beschryvinge van het octant en deszelfs gebruik* の訳出に見る本木良永と志筑忠雄」（『熊本県立大学文学部紀要』八二号、二〇二三年）ほか。

刑部芳則　おさかべ・よしのり
一九七七年、東京都出身。中央大学大学院文学研究科博士課程後期課程修了。博士（史学）。現在、日本大学商学部教授。『古関裕而―流行作曲家と激動の昭和』（中公新書、二〇一九年）、『セーラー服の誕生―女子校制服の近代史』（法政大学出版局、二〇二一年）、『洋装の日本史』（集英社インターナショナル新書、二〇二二年）ほか。

金澤裕之　かなざわ・ひろゆき
一九七七年、東京都出身。防衛大学校総合安全保障研究科後期課程修了。博士（安全保障学）。現在、防衛大学校防衛学教育学群准教授。二等海佐。『幕府海軍の興亡―幕末期における日本の海軍建設』（慶應義塾大学出版会、二〇一七年）、「海軍草創期のリーダーたち―木村喜毅、榎本武揚、川村純義」（伊藤之雄編著『維新の政治変革と思想―一八六二～一八九五』ミネルヴァ書房、二〇二二年）、『幕府海軍―ペリー来航から五稜郭まで』（中公新書、二〇二三年）ほか。

久住真也　くすみ・しんや
一九七〇年、山梨県出身。中央大学大学院文学研究科博士後期課程単位取得退学。博士（史学）。現在、大東文化大学文学部教授。『長州戦争と徳川将軍―幕末期畿内の政治空間』（岩田書院、二〇〇五年）『幕末の将軍』（講談社選書メチエ、二〇〇九年）『王政復古―天皇と将軍の明治維新』（講談社現代新書、二〇一八年）ほか。

久保田哲　くぼた・さとし
一九八二年、東京都出身。慶應義塾大学大学院法学研

究科政治学専攻後期博士課程単位取得退学。博士（法学）。現在、武蔵野学院大学国際コミュニケーション学部教授。『帝国議会―西洋の衝撃から誕生までの格闘』（中公新書、二〇一八年）、『明治十四年の政変』（集英社インターナショナル新書、二〇二一年）、『図説明治政府―日本人が求めた新しい国家体制とは』（戎光祥出版、二〇二一年）ほか。

後藤敦史　ごとう・あつし

一九八二年、福岡県出身。大阪大学大学院文学研究科博士後期課程単位取得退学。博士（文学）。現在、京都橘大学文学部准教授。『開国期徳川幕府の政治と外交』（有志舎、二〇一五年）、『忘れられた黒船―アメリカ北太平洋戦略と日本開国』（講談社選書メチエ、二〇一七年）、『阿部正弘―挙国体制で黒船来航に立ち向かった老中』（戎光祥出版、二〇二二年）ほか。

佐藤雄介　さとう・ゆうすけ

一九八〇年、東京都出身。東京大学大学院人文社会系研究科博士課程単位取得退学。現在、学習院大学文学部准教授。『近世の朝廷財政と江戸幕府』（東京大学出版会、二〇一六年）、「近世後期の公家社会と金融」（『日本史研究』六七九、二〇一九年）、「嘉永期の朝幕関係」（藤田覚編『幕藩制国家の政治構造』吉川弘文館、二〇一六年）ほか。

篠﨑佑太　しのざき・ゆうた

一九八八年、東京都出身。中央大学大学院文学研究科日本史学専攻博士課程後期課程修了。博士（史学）。現在、宮内庁書陵部宮内公文書館研究員。「嘉永期における徳川斉昭「参与」の実態と影響」（『明治維新史研究』一五号、二〇一八年）、「嘉永期における御家相続と家格―川越藩松平家を事例に」（『日本歴史』八九〇号、二〇二二年）、「江戸城・皇城の「政治空間」」（『歴史評論』八七三号、二〇二三年）ほか。

清水唯一朗　しみず・ゆいちろう

一九七四年、長野県出身。慶應義塾大学大学院法学研究科後期博士課程単位取得、退学。博士（法学）。現在、慶應義塾大学総合政策学部教授兼大学院政策・メディア研究科委員。『政党と官僚の近代―日本における立憲統治構造の相克』（藤原書店、二〇〇七年）、『近代日本の官僚―維新官僚から学歴エリートへ』（中公新書、二〇一三年）、『原敬―「平民宰相」の虚像と実像』（中公新書、二〇二一年）ほか。

須田　努　すだ・つとむ

一九五九年、群馬県出身。早稲田大学大学院文学研究科博士後期課程修了。博士（文学）。現在、明治大学情報コミュニケーション学部教授。『「悪党」の一九世紀―民衆運動の変質と〝近代移行期〟』（青木書店、二〇〇二年）、『幕末の世直し　万人の戦争状態』（吉川弘文館、二〇一〇年）、『吉田松陰の時代』（岩波書店、二〇一七年）ほか。

田口由香　たぐち・ゆか

一九七六年、山口県出身。広島大学大学院教育学研究科博士課程後期。博士（学術）。現在、長崎大学教育学部准教授。『幕末維新人物新論―時代をよみとく16のまなざし』（共著、昭和堂、二〇〇九年）、『東アジアの王権と秩序―思想・宗教・儀礼を中心として』（共著、汲古書院、二〇二一年）、『木戸孝允―近代国家への志』（萩ものがたり77、二〇二三年）ほか。

竹本知行　たけもと・ともゆき

一九七二年、山口県出身。同志社大学法学研究科政治学専攻博士（後期）課程満期退学。博士（政治学）。現在、安田女子大学現代ビジネス学部教授。『幕末・維新の西洋兵学と近代軍制―大村益次郎とその継承者』（思文閣出版、二〇一四年）、『大村益次郎―全国を以て一大刀と為す』（ミネルヴァ書房、二〇二二年）、『大村益次郎―近代的学知の受容と実践（上・下）』（萩ものがたり75、二〇二二年）ほか。

友田昌宏　ともだ・まさひろ

一九七七年、埼玉県出身。中央大学大学院文学研究科日本専攻博士後期課程修了。博士（史学）。現在、東京経済大学史料室嘱託。専門は日本近代史。『戊辰雪冤―米沢藩士。宮島誠一郎の「明治」』（講談社現代新書、二〇〇九年）、『未完の国家構想―宮島誠一郎と近代日本』（岩田書院、二〇一一年）、『東北の幕末維新―米沢藩士の情報・交流・思想』（吉川弘文館、二〇一七年）ほか。

奈良勝司　なら・かつじ

一九七七年、滋賀県出身。立命館大学大学院文学研究科史学専攻博士課程後期課程単位取得退学。博士（文学）。現在、広島大学大学院人間社会科学研究科教授。

『明治維新と世界認識体系―幕末の徳川政権　信義と征夷のあいだ』（有志舎、二〇一〇年）、『明治維新をとらえ直す―非「国民」的アプローチから再考する変革の姿』（有志舎、二〇一八年）、「人見・中川両苗と新選組」（『立命館創立者生誕150年記念　中川小十郎研究論文・図録集』立命館史資料センター編・発行、二〇一七年）ほか。

福元啓介　ふくもと・けいすけ
一九九〇年、鹿児島県出身。東京大学大学院人文社会系研究科日本文化研究専攻日本史学専門分野博士課程単位取得退学。現在、株式会社島津興業尚古集成館主任（学芸員）。「文化・文政期における鹿児島藩の藩債整理―鴻池善右衛門との関係を中心に」（『論集きんせい』三八号、二〇一六年）、「近世後期大坂における大名貸債権の永年賦化と「通帳」―薩摩藩の藩債二五〇ヶ年賦償還を事例として」（『日本史研究』七一三号、二〇二二年）ほか。

藤田英昭　ふじた・ひであき
一九七三年、新潟県出身。中央大学大学院文学研究科日本史学専攻博士後期課程単位取得退学。現在、徳川林政史研究所研究員。『論集　大奥人物研究』（共編著、東京堂出版、二〇一九年）、『論集　近世国家と幕府・藩』（共著、岩田書院、二〇一九年）、「文久・元治期における徳川慶勝の動向と政治的立場」（徳川林政史研究所『研究紀要』第五三号、二〇一九年）ほか。

益満まを　ますみつ・まを
京都大学大学院人間・環境学研究科博士課程修了。博士（人間・環境学）。現在、京都外国語大学非常勤講師。『金沢大学所蔵近代教育掛図目録 印刷図編』（共編、京都大学大学院人間・環境学研究科、二〇〇八年）、『日蘭関係史をよみとく 上巻』（共著、臨川書店、二〇一五年）、「辻蘭室の蘭医学知識―蘭語八箋「薬石并疾病医術」を中心に」（『花園史学』三九号、二〇一八年）ほか。

町田明広　まちだ・あきひろ
編者。
一九六二年、長野県出身。佛教大学文学研究科博士後期課程修了。博士（文学）。現在、神田外語大学教授、日本研究所所長。『島津久光＝幕末政治の焦点』（講談社選書メチエ、二〇〇九年）、『幕末文久期の国家政略と薩摩藩』（岩田書院、二〇一〇年）、『攘夷の幕末史』

（講談社学術文庫、二〇二二年）、『グローバル幕末史―幕末日本人は世界をどう見ていたか』（草思社文庫、二〇二三年）ほか。

光平有希　みつひら・ゆうき

一九八二年、広島県出身。総合研究大学院大学文化科学研究科博士後期課程修了。博士（学術）。現在、国際日本文化研究センター総合情報発信室助教。『「いやし」としての音楽―江戸期・明治期の日本音楽療法思想史』（臨川書店、二〇一八年）、『ポップなジャポニカ、五線譜に舞う―19～20世紀初頭の西洋音楽で描かれた日本』（臨川書店、二〇二二年）ほか。

宮間純一　みやま・じゅんいち

一九八二年、千葉県出身。中央大学大学院文学研究科日本史学専攻博士課程後期課程修了。博士（史学）。現在、中央大学文学部教授。『国葬の成立―明治国家と「功臣」の死』（勉誠出版、二〇一五年）、『戊辰内乱期の社会―佐幕と勤王のあいだ』（思文閣出版、二〇一五年）、『天皇陵と近代―地域の中の大友皇子伝説』（平凡社、二〇一八年）ほか。

森田朋子　もりた・ともこ

一九六七年、神奈川県出身。お茶の水女子大学大学院人間文化研究科比較文化学専攻単位修得退学。博士（人文科学）。現在、中部大学人文学部教授。『開国と治外法権―領事裁判制度の運用とマリア・ルス号事件』（吉川弘文館、二〇〇五年）、「明治初年のフランス領事裁判」（友田昌宏編『幕末維新期の日本と世界』（吉川弘文館、二〇一九年）ほか。

山田裕輝　やまだ・ひろき

一九八五年、山口県出身。名古屋大学大学院文学研究科日本史学専門満期退学、博士（歴史学）。現在、福井市立郷土歴史博物館主査（学芸員）。「幕末期萩藩の海軍建設とその担い手」（『年報近現代史研究』9、二〇一七年）、「幕末維新期におけるイギリス史書の利用―長門温知社蔵板『英国志』を例に」（羽賀祥二編『近代日本の地域と文化』、吉川弘文館、二〇一八年）ほか。

※編者・執筆者紹介は、274 ～ 278 ページを参照。

図版作成：グラフ
編集協力：三猿舎
組　　版：キャップス

幕末維新史への招待

2023年 4 月20日　第 1 版第 1 刷発行
2023年 5 月20日　第 1 版第 2 刷発行

編　者　町田明広
発行者　野澤武史
発行所　株式会社山川出版社
東京都千代田区内神田1－13－13　〒101－0047
電話　03(3293)8131(営業)
03(3293)1802(編集)
印　刷　半七写真印刷工業株式会社
製　本　株式会社ブロケード
装　丁　黒岩二三［Fomalhaut］
https://www.yamakawa.co.jp/

造本には十分注意しておりますが、万一、乱丁・落丁本などがございましたら、
小社営業部宛にお送りください。送料小社負担にてお取替えいたします。
定価はカバーに表示してあります。

ISBN 978-4-634-15231-1